ADAM PHILLIPS

Londra'daki Wolverton Gardens C ... r-
kezi'nde Çocuk Psikot ... n
yanı sıra edebiyatla ...
dıklanma ve Sıkılma ...
ler almış ve *New York* ...
Kitabı seçilmiştir. İngi ...
hakkında şunlar söyle ... nem iyi
bir doktor hem de iyi b ... larının inceliklerine
gösterdiği ilgi iyi bir hikâ ... masını sağlıyor... Her insanın
derinlerindeki o temel yabancılığa hoş bir açıklıkla yaklaşıyor."

YAPITLARI: *On Kissing, Tickling and Being Bored* (1993; *Öpüşme, Gıdıklanma ve Sıkılma Üzerine*, Çev. Fatma Taşkent, Ayrıntı Yay., 1996); *On Flirtation* (1994; *Flört Üzerine*, Çev. Özden Arıkan, Ayrıntı Yay., 1997); *Terrors and Experts* (1995; *Dehşetler ve Uzmanlar*, Çev. Tuna Erdem, Metis Yay., 1999); *Monogamy* (1996; *Tekeşlilik*, Çev. Bülent Somay, Metis Yay., 1997); *The Beast in the Nursery* (1998; *Kreşteki Yabani*, Çev. Özden Arıkan, Ayrıntı Yay., 2000); *Darwin's Worms* (1999); *Promises, Promises* (2000; *Hep Vaat Hep Vaat*, Çev. Ferit Burak Aydar, Metis Yay., 2007); *Houdini's Box* (2001); *Equals: On Inhibition, Mockery, Hierarchy, and the Pleasures of Democracy* (2002); *Going Sane* (2005; *Akıl Sağlığı Üzerine*, Çev. Kıvanç Tanrıyar, Ayrıntı Yay., 2020); *Side Effects* (2006); *On Balance* (2010); *Missing Out: In Praise of the Unlived Life* (2012; *Kaçırdıklarımız: Yaşanmış Hayata Övgü*, Çev. Selin Siral, Metis Yay., 2015); *Becoming Freud* (2014; *Freud Olmak: Bir Psikanalist'in Gelişimi*, Çev. Şahika Tokel, YKY, 2016); *Unforbidden Pleasure* (2015; *Yasak Olmayan Hazlar*, Çev. Saliha Nilüfer, Metis Yay., 2017); *On Getting Better* (2022); *On Wanting to Change* (2022). Ayrıca şu kitapları derleyip yayına hazırlamıştır: Charles Lamb, *Selected Prose*; Walter Peter: *The Renaissance*; Edmund Burke: *A Philosophical Enquiry*; *The Electrified Tightrope: Selected Pychoanalytical Papers of Michael Eigen*; *Richard Howard: Selected Poems* (Hugh Haughton ile birlikte); *John Clare in Context* (H. Haughton ile birlikte); *Intimacies* (Leo Bersani ile birlikte); *On Kindness* (Barbara Taylor ile birlikte, 2005; *İyilik Üzerine*, Çev. Selin Siral, Ayrıntı Yay., 2022) ve *The Concise Dictionary of Dress* (Judith Clark ile birlikte).

Ayrıntı: 1655
Lacivert Kitaplar Dizisi: 57

İlgi Arayışı
Adam Phillips

Kitabın Özgün Adı
Attention Seeking

Dizi Editörü
Güven Gürkan Öztan

İngilizceden Çeviren
Aydın Çavdar

Yayıma Hazırlayan
Güven Gürkan Öztan

Son Okuma
Ayten Koçal

Kapak Tasarımı
Gökçe Alper

Dizgi
Hediye Gümen

Baskı ve Cilt
Ali Laçin - Barış Matbaa-Mücellit
Davutpaşa Cad. Güven San. Sit. C Blok No. 286
Topkapı/Zeytinburnu - İstanbul - Tel. 0212 567 11 00
Sertifika No: 46277

Birinci Basım *2023*

ISBN 978-605-314-182-2
Sertifika No: 10704

AYRINTI YAYINLARI
Basım Dağıtım San. ve Tic. A.Ş.
Hocapaşa Mah. Dervişler Sok. Dirikoçlar İş Hanı
No: 1 Kat: 5 Sirkeci - İstanbul
Tel.: (0212) 512 15 00 Faks: (0212) 512 15 11
www.ayrintiyayinlari.com.tr & info@ayrintiyayinlari.com.tr

twitter.com/ayrintiyayinevi facebook.com/ayrintiyayinevi instagram.com/ayrintiyayinlari

Adam Phillips

İlgi Arayışı

AYRINTI

LACİVERT SERİSİ

İYİLİK ÜZERİNE
Adam Phillips & Barbara Taylor

ZYGMUNT BAUMAN
Tony Blackshaw

CHE GUEVARA'NIN YAŞAM ÖYKÜSÜ
Lucía Álvarez De Toledo

SESSİZLİKLERİN DOKUNUŞU
Nâzım Hikmet Üzerine Konuşmalar
Ali Özgentürk

DAVALAR
Franz Kafka Hakkında
Elias Canetti

SHAKESPEARE'İN DOKUZ YAŞAMI
Graham Holderness

AKIL SAĞLIĞI ÜZERİNE
Adam Phillips

AĞAÇLAR
John Fowles

ÖYLE VE BÖYLE
Yeni ve Seçilmiş Denemeler
Adam Phillips

BİR İSYANCININ SÖZLERİ
Pyotr Kropotkin

PENCEREMDEN
17 Deneme + 1 Kısa Öykü
Julian Barnes

TEMBELLİK HAKKI
1848 "Çalışma Hakkı"nın Çürütülmesi
Paul Lafargue

KOMŞUM SADE
Alçak Filozof İle Birlikte
Pierre Klossowski

ÇOKAŞKLILIK
Thomas Schroedter & Christina Vetter

OKUMADIĞINIZ İÇİN TEŞEKKÜR EDERİZ
Dubravka Ugresiç

AŞK ÜZERİNE BİR DİYALOG
Eve Kosofsky Sedgwick

DİVANIMDAKİ ERKEKLER
Dr. Brandy Engler & David Rensin

GÜNAH KEÇİSİ
Charlie Campbell

ÖMÜR BOYU ESENLİK
Mutluluk Ödevi Üzerine Bir Deneme
Pascal Bruckner

KORKULACAK BİR ŞEY YOK
Julian Barnes

BEN ÖZELİM
Hal Niedzviecki

DİKİZLEME GÜNLÜĞÜ
Hal Niedzviecki

SON MEKTUP
Bir Aşk Hikâyesi
André Gorz

MASUMİYETİN AYARTICILIĞI
Pascal Bruckner

COOL ANILAR V (2000-2004)
Jean Baudrillard

İMKÂNSIZ TAKAS
Jean Baudrillard

BİR ÇİFT SÖZ
Julian Barnes

KARŞILIKSIZ AŞK
Kovalamak ve Kovalanmak Üzerine
Gregory Dart

ÖPÜŞME, GIDIKLANMA VE SIKILMA ÜZERİNE
Hayatın Didiklenmemiş Yanlarına Dair Psikanalitik Denemeler
Adam Phillips

APTALLIK ANSİKLOPEDİSİ
Matthijs van Boxsel

KÖTÜLÜĞÜN ŞEFFAFLIĞI
Aşırı Fenomenler Üzerine Bir Deneme
Jean Baudrillard

ŞÖHRET
Chris Rojek

GÖĞÜ DELEN ADAM
Papalagi

Marianne için

Sanıyorum ki "ilgi duymak" ifadesiyle kastettiğimiz şey, bize bahşedilen hazları özgürce kabul etmektir.

Robert Pinsky, "Poetry and Pleasure"

İki tip suçortağına ihtiyacım vardı; ya yaptığım şeyin meşru olduğu düşüncesine sadık kalacak tipte suçortaklarına ya da planımı oluşturan unsurlardan bütünüyle haberdar olmayan suçortaklarına.

Muriel Spark, *Loitering with Intent*

...güdülerin bayağılığını taşımayan eylemler.
Mathew Bevis, "My Coincidences"
Kendini bilmek, kendine dair fazlasını görmeyi gerektirir.

Jenny Xie, "Visual Orders"

Adam Phillips

İlgi Arayışı

I

"Sizi neyin ilgilendirdiğini ve neyin ilgilendirmediğini bilmeniz korkunç derecede büyük önem taşır."

Gertrude Stein,
"What is English Literature"

Her şey, neyi ilgi çekici bulduğumuza bağlıdır (tabii eğer ilgi çekici bulduğumuz bir şey varsa) –neyi ilgi çekici bulmak üzere eğitildiğimize ve teşvik edildiğimize, ayrıca kendimize rağmen kendimizi neyle ilgilenir halde bulduğumuza bağlıdır– ve bir şeye ilgi duyduğumuzda da dikkat kesiliriz: Hatta bazen bedeli ne olursa olsun bir şeye dikkat kesiliriz. Resmi merakımız ve gayri resmi merakımız vardır (ve psikanaliz de, bu ikisi arasındaki ilişki hakkında bir hikâyedir). Hatta hem kendimizi hem de diğer insanları tanımaya ve karakterize etmeye yönelişimiz de ilgimiz vasıtasıyla olur. Eleştirmen Aaron Schuster, *The Trouble with Pleasure* adlı kitabında şöyle yazmıştır: "Belli şeylerin, izlenimlerin, modellerin, ritimlerin, dünyamıza çarpık bir tutarlılık veren sözlerin, bize tarzımızı, karakterimizi ve gizli bütünlüğümüzü veren çılgınlık parçalarının çekimine kapılırız ve bu şeyler bizi ister kıyamete sürüklesin ister kurtarıcımız olsun, onların bağımlısı oluruz."

Dikkatimiz çekilir ve biz de, çok spesifik ve kişiye özgü yollarla dikkat çekeriz. Her şeyin çekimine kapılmayız, herkesi arzulamayız, yalnızca belli insanlar, imgeler, şeyler, modeller, ritimler ve kelimeler bizi etkiler. Hatta Schuster'in öne sürdüğü gibi, çarpıcı olan nokta, ne kadar seçici olduğumuzdur, gizlilikle de olsa tutarlılığımıza ne kadar özen gösterdiğimizdir; sanki yalnızca gerekli unsurları topladığımızda kendimizle ilgili her şey bir bağlantıya kavuşabilecekmiş gibi seçim yaparız. Bize tarzımızı ve karakterimizi veren şey bir parça çılgınlık olsun veya olmasın, farkına vardığımız, (bilinçli veya bilinçsiz olarak) dikkatimizi çeken şeyler vasıtasıyla kendimizi bir araya getirişimiz ve dikkat ettiğimiz şeyler repertuvarımızı kesin olarak sınırlandırışımız, bir bağımlılık havası taşır (o şeylerin "çekimine kapılırız") ve kendimizi nasıl oluşturduğumuz konusunda temelde bir bilinçdışılık yattığı anlamını uyandırır. Kimliğimiz dediğimiz şey, ki nelere dikkat ettiğimizle ilişkilidir, bir bakıma bir tür düşkünlüktür, kendimize dair belli fikirlere duyduğumuz saplantıdır. Zevklerimiz veya daha basit bir ifadeyle tercihlerimiz diyebileceğimiz şey, bir tür yazgı veya kendimize dair tercih ettiğimiz bir tablo halini alır.

("Bizi kıyametimizden kurtarır veya ona doğru sürükler.") "Bana aklına neyin takıldığını söyle, sana kim olduğunu söyleyeyim" şeklindeki ünlü sürrealist şiar, kolaylıkla şu şekilde tercüme edilebilir: "Bana neye ilgi duyduğunu söyle, sana kim olduğunu söyleyeyim."

Daha geniş çaplı kültürde olduğu gibi psikanalizde de şöyle bir varsayım bulunur: Bizler tabiatımız itibarıyla ilgi duyan yaratıklarız, ilgi göstermeye meyilliyiz (en azından ilgi göstermenin ne olduğunu bir kez öğrendiğimizde). Büyümenin, ideal haliyle, kişinin ilgi alanlarını keşfetmesi anlamına geldiğini varsayarız; ilk başta hayatta kalmaya karşı duyduğumuz doğuştan gelen ilgi ve bunu yaratıcı şekilde özenli hale getirişimiz ve sonrasında da imkânlarımıza ve yaratıcılığımıza bağlı olarak mümkün olduğunca merakımızın peşinden koşuşumuz bu keşfin parçalarıdır. İlgimizin ihtiyaçlarımızdan ilham aldığını ve terbiyeyle şekillendiğini düşünebiliriz (burada ilgi, iştahı tarif eden bir kelime yerine geçer). Bildiğimiz gibi bebekler ve küçük çocuklar istedikleri şey konusunda çok ısrarcı ve kararlıdır, hüsrana uğratılmaya tahammülleri yoktur ve sıkılmaktan, bir şeylere karşı ilgilerini kaybetmekten mustariptirler. Yetişkinler olarak bizlerse, eğer yeterince şanslıysak, ilgi duyduğumuz şeylerden yok yere sıkıntı duymak yerine onları doğal karşılamaya yatkınız. Yalnızca bir şekilde rahatsız edici hale geldiklerinde ilgimizle ilgilenmeye başlarız (bu durumda "ilgi" kelimesi fobi, saplantı, sapkınlık, bağımlılık, ideoloji, hobi, disiplin gibi kavramlar anlamında kullanılmış olur). Semptomlar denen işaretler, bizi ilgi göstermeye zorlayarak zihinlerimizi daraltır ve bu açıdan da, mustarip olduğumuz durumun ne kadar zorlanmış ilgi olduğunu gösterir (cinsel anormallik denen durumlar cinselliğe ilgimizi belli sınırlar içine alır; endişe ve depresyon ilgimizi bir yöne fazlasıyla odaklar ve bu da fonksiyonlarının bir parçası olabilir). Gerçi merakımızın çeşitliliğini ve yoğunluğunu belli sınırlar içine almayı bizzat kendimiz planlarız; çünkü bir şeylere ilgi duyma kapasitemiz, ölçüsüz veya tahmin edilemez veya seçicilikten uzak olmak anlamında o kadar büyük potansiyele sahiptir ki, bizim açımızdan bir tehdit yaratıyormuş gibidir. Sanki her zaman ya çok fazla ya da çok az iştahımız, ya çok fazla ya da çok az tehlike varmış gibidir. Herhangi bir şeye veya herhangi birine duyduğumuz ilgi, aşırıya kaçma veya yeterince aşırı olmama tehdidi taşır.

İlgimizi çeken ne olursa olsun veya kim olursa olsun, tıpkı ilgimizi tetikleyen iştah gibi, hayatımızı bizim için etkin şekilde organize eder; ilgimizin peşinden gideriz ve/veya peşinden gitmekten sakınırız. İlgi alanlarımız ne yaptığımızdır, kimi dinlediğimizdir, nereye gittiğimizdir. Psikanaliz, ilgi ve dikkati cinsel arzu olarak yeniden tanımlar ve bunu da hayatlarımızın yönlendirici gücü ve amacı olarak görür ve şurası açık ki cinsellik, sadece benzetme olarak bile olsa, ilgi ve dikkatin nasıl işlerlik gösterebileceğini görmenin bir yolu olarak kullanılabilir (varsayılan herhangi bir yaşam gücü veya özü, daima dikkat ve ilgiyle açıklanır). Dolayısıyla ilk psikanalistlerden biri olan Ernest Jones Yunanca "aphinisis" (cinsel arzunun ortadan kalkması) terimini psikanalize getirdiğinde, temel korkularımızdan birini ele almış oluyordu: ilgi kaybı şeklindeki "asal endişe", "erotik doyum yaşama kapasitesinin veya imkânının kaybedilmesi", yaşam kaybı gibi görünen bir arzu kaybı; bir başka deyişle tatmin olmanın imkânsız hale geldiği bir badire hali: Bu badire halinde hiçbir şey ilgimizi çekmez, hiç kimsenin çekimine kapılmayız (bu durum güneşin söneceği düşüncesiyle on dokuzuncu yüzyılda yaşanan korkuya benzetilebilir).

Bunu Jones'un "inhibisyon (engelleme) şeklindeki yapay aphinisis" dediği durum ile karşılaştırdığımızda gerçek aphinisis "cinsel kapasitenin ve hazzın bütün olarak tamamen ortadan kalkmasıdır". Arzu o kadar dayanılmaz bir çelişki hissettirebilir veya hissettirecek hale gelebilir ki, kişi, yönelim ve amaçları için hiçbir arzu nesnesi bulamadığı bir dünyada yaşamak durumunda kalır. Hiçbir şey ilgimizi çekmediğinde veya çekmezse, kendimizle ne yapabiliriz? Ve yaşama duyduğumuz ilgi kaybolduğunda ne yapmak durumunda kalırdık veya bize ne olurdu?

Bu durumda, herhangi bir insanı, dikkat çekme arayışında olmasından dolayı suçlamak için bir sebep var mı diye düşünmemiz gerekir. Dikkat çekme isteği yaptığımız en iyi şeylerden biridir, dikkat çekmek için bazen en kötü yolları seçiyor olsak bile. Bildik anlamda dikkat çekme arayışı, istediğimiz şeyin ne olduğunu her zaman bilmeden bir şey istemenin bir yoludur. Ve yine aynı sebeple dikkat çekme arayışı, bir çeşit sosyalleşmedir, isteğimiz konusunda bize yardım etmeleri için başkalarına yapılmış bir çağrıdır. İster arzunun açıklığını örtbas etmek adına göstermelik bir öykü, ister talebin karmaşıklığına dair bir performans niteliğinde olsun, arayışında olduğumuz ilginin ne olduğunu ve kendimizde neyin ilgiye muhtaç olduğunu tam olarak anlamadan dikkat çekme arayışına gireriz. İnsanların bir araya gelişi bu karmaşıklıktan kaynaklanır, ne gibi imkânlar olduğunu bulmaya çalışırlar (sosyalleşme dikkat çekme arayışına bağlıdır). Dili kullanabilmenin getirdiği belirgin rahatlamanın bir bölümü, göründüğü kadarıyla zaman zaman, hayatlarımızı oluşturan üstü kapalı etkileşimleri açıklığa kavuşturmasından doğar.

İki anlamda da -yalnızca çocukken değil, hayatlarımız boyunca- kısmen dikkat çekme arayışındayız, bunun nedeni de şudur ki, ilgiyi ne için istediğimiz ve neye ilgi göstermek istediğimiz her zaman net değildir: Kendimizde ve kendimiz dışında neyin ilgiye muhtaç olduğu ve aradığımız ilgiyi bulduğumuzda bunun ne gibi sonuçlar doğurmasını umduğumuz konusu her zaman netleşmez. Dikkat çekme arayışı genellikle ödüllendirilmediği için, başka bir görünüm altında sunulmalıdır –mesela sanat, görgü, rica veya başarı kisvesi altında saklanır–, böylece yaratıcılık denen özelliğimizin bol miktarda kullanımı bizi arzuladığımız ilgiyi çekmek ve bulmak için kabul edilebilir yollar bulmaya götürür. Bu ilgi geri tepebilir, bize istediğimiz hayatları vermeyebilir, ama dikkat çekme arayışı başlangıç noktamızdır ve başlangıcı yapmamızı sağlayan unsurdur. Lee Edelman'ın kasten tatsız bir dille ifade ettiği şekilde "bebeğin faşist yüzü" durumu, dikkatimizi en eski meziyetlerimize ve yeteneklerimize çeker, amaç insanların neye ihtiyaç duyduğumuzu fark etmelerini –veya daha ziyade ortaya çıkarmalarını– sağlamaktır. Bu da ilgi çekebilmek için göstermemiz gereken ilgidir ve ilgi göstermeye değer olan şeye göstermemiz gereken ilgidir.

İhtiyaçlar ilgi gerektirir ve ilk aşamada her şey, ihtiyaçlarımızı karşılayan tipteki ilgiye bağlıdır ve yine büyürkenki ihtiyaç ve isteklerimize karşı bizim gösterebileceğimiz tipte ilgiye bağlıdır (ihtiyaçlarımız, ne şekilde karşılık görüyorsa o şekilde oluşur ve şekillenir). Her şey, ilgimizi nasıl ve nereye gösterdiğimize dayanır; burada söz konusu olan ilgi hem bizden talep edilen ilgidir hem de farkında olmadan gösterdiğimiz ilgidir. Kültür seviyeleri veya sosyal sınıfları ne olursa olsun çocukların yetiştiriliş şekli ve eğitimi, onların ilgi rejimlerine girmelerine önayak olur; yetiştirme şekli onlara, belirsizliğe mahal vermeyecek şekilde, neyin ilgi göstermeye değer olduğunu ve nasıl ilgi gösterileceğini söyler ve yine nasıl bir ilgi istemeleri gerektiğini ve bunu nasıl elde etmeye çalışmaları gerektiğini de söyler (okullarda ne dikkat dağınıklığı ne de gösterişçilik öğretilir). Tüm dinler, ahlak kuralları, sanat dalları, bilimler, politikalar ve terapi yöntemleri belli ilgi tiplerini organize ve teşvik eder; kendi farklı yollarıyla bize nereye bakacağımızı ve kimi dinleyeceğimizi söylerler; kendimizde neye değer vermemiz gerektiğini ve ne açıdan değer göreceğimizi bize söylerler: Kendimizde neye ilgi göstermeliyiz ve neye, normalde gösterdiğimizden daha az ilgi göstermeliyiz?

Ve bununla beraber elbette hiç kimse, insanların gösterdikleri ve gördükleri ilginin sonuçlarını tam olarak tahmin edemez. Eğitim, propaganda, reklamlar ve cinsellikle sürekli ortaya konduğu üzere, insanların ilgisi istismar ve manipüle edilebilir ve yönlendirilebilir ama nihai olarak kontrol edilemez. İnsanların kendilerine sunulan şeylerden ne anlam çıkardıklarını asla tam olarak bilemeyiz veya dikkat gösterdikleri sırada zihinlerinin nereye sürüklendiğini de bilemeyiz. Dolayısıyla "ilgi göstermek" şeklindeki ilginç ve açıklayıcı ifade hakkında bu kitapta yer alan denemeler, bir benzetmeyle ifade etmek gerekirse, tam olarak bir maliyet-fayda analizi niteliğinde değil, daha ziyade yatırımlarla riskleri ve para birimiyle döviz kuru hakkındaki soruları ele alır niteliktedir. İlgi derken söylemek istediğim şey basitçe şöyle: Kendimizi bizi ilgilendiren şeyin içinde nasıl buluruz; merakımızın peşinden gitmek konusunda bizi cesaretlendiren ve engelleyen unsurlar nelerdir ve ilgi gösteriyor olmamızın kendimiz ve diğer insanlar üzerinde ne gibi etkileri olur? Bu denemelerin ortaya koymaya çalıştığı gibi, ilgimizi neyin harekete geçirdiğini ve neyin kısıtladığını (örneğin utanç) saptamak faydalı olacaktır. Dolayısıyla bu denemeler aynı zamanda, filozof Giles Deleuze'ün "etkilenme kapasitemiz" olarak adlandırdığı durum hakkındadır.

İlgi alanlarımızın ne olduğunu bulmak için onlara arka çıkmamız gerekir ve ideal haliyle, en erken dönem çevremiz, basitçe ve yalnızca ilgi alanlarımızın ne olması gerektiğini belirlemek yerine (deneylerden doğmayan bir ahlak yalnızca dogma olabilir) bizim ilgi alanlarımızın da en azından bazılarına imkân vermeli ve teşvik etmelidir (John Stuart Mill bunları "yaşamdaki deneyler" olarak adlandırmıştır). Dikkat ve ilgi daima deneyseldir, alınan risklerin farkında olmadığımızda bile deneyseldir –veya bilhassa bu risklerin farkında olmadığımızda deneyseldir–; merak asla bir garantiyle birlikte gelmez. Şurası açık ki güven duygusunu meraka tercih etmek veya bunları birbiriyle çok büyük anlaşmazlık içinde deneyimlemek, deneyim olasılıklarını sınırlamak anlamına geldiği gibi, aynı zamanda kişinin neye ilgi duyduğunu gereğinden daha istikrarlı veya kesin şekilde bilmesi anlamına da gelir (ilgi alanlarımızın ne ile ilgilenmemenin yolu olduğunu merak etmeye değer, yani neyi kaçırdığımızı merak etmeye değer). Dünyaya ilk geldiğinde ve gereksinim dolayısıyla sürekli olarak ebeveynlerine ilgi ve dikkat göstermiş olan bir çocuğun hayatında, aile dışında da hazlar olduğunu, ebeveynlerinin sözlerinin dünyadaki yegâne sözler olmadığını fark etmeye başladığı dönem daima olağanüstü bir dönemdir (ebeveynlerimizle ilgilenmenin yollarından biri söylediklerine inanmaktır). Çocuğun temel sorularından biri şudur: Aile dışında neyle ilgilenmesine izin verilir? Bir başka deyişle ilgimizin tarihçesi, hayat hikâyelerimizden biridir.

II

Tarihin hakikati ve dilin hakikati aynıdır.

Michel Henry,
I Am the Truth

Modern teknolojinin dikkat üzerindeki, özellikle de gençlerin dikkati üzerindeki etkisi konusunda elbette büyük endişeler var (dikkat kalitesi ölçülemiyor olsa da, en azından bazılarımızı rahatlatacak şekilde, dikkat süreleri ölçülebilmektedir). Son dönemde yürekten geldiği belli olan birçok yakarıştan biri olarak felsefeci Talbot Brewer'ın çarpıcı makalesi, yerinde bir yaklaşımla şu başlığı taşımaktadır: "Beşeri Bilimler Ne İşe Yarar?":

Dikkatle ilişkili çevremiz, öğrencileri edebiyatın, sanatın veya felsefenin değerini kavrayabilecek bir etkileşim için gerekli özelliklerle donatmamıştır; ayrıca kendini adayarak ilgi gösterme, sabredebilme ve yorum zenginliği katabilme gibi alışkanlıkları da vermemiştir; yaşamın daha tehlikeli geçitlerinde ilerlemek adına başkalarının yoldaşlığını ve aydınlatıcılığını bulmaya açık hale de getirememiştir... Dikkat alışkanlıklarımızı bozan şey sadece reklamların kendisi değil, aynı zamanda reklam paralarını kazanmak için şiddetli rekabette hayatta kalan iletişimsel formlardır.

Elbette çoğu kişi edebiyattan, sanat ve felsefeden ziyade o "iletişim formlarıyla" -sosyal medya- daha çok ilgileniyor; ayrıca adanmışlık seviyesinde bir ilgi, sabır ve özveri herkesin değer verdiği şeyler değildir (bunlar illa bir arada bulunmak zorunda değil); bununla beraber "iyi" alışkanlıklar edinmek de herkesin ilgilendiği bir şey değildir (bu kelimelerin ne anlama geldiğini ve neden önemli olduklarını hepimizin bildiğini varsayıyorum; burada desteklenen şey, bu kelimelerin temsil ettiği doğru tipteki ilgidir). Ancak günümüzde ilgi kaybının, kültür kaybıyla olmasa da ahlak kaybıyla eşdeğer görülmesi sık rastlanan bir durumdur (gerçi buradaki kültürden kasıt, kültürün ne olduğuna karar verme pozisyonunda olduğunu düşünen insanlar tarafından tanımlanmış olan kültürdür). İlgi alışkanlıklarındaki değişimlerin daha büyük değişimlerin habercisi olduğunu varsaymak da sık rastlanan bir durum olarak karşımıza çıkar: Ahlak anlayışımızın veya medeniliğimizin de bir şekilde ilgi gösterme biçimlerimizle ilişkili olduğu düşünülür.

Ben burada savunulan tipte bir kültürün içinde eğitildim; bu kültür, özgürlükçülüğün bazı türlerinin yaptığı gibi, kendi kendini sorgulama ve kendinden bile şüphe etme özgürlüğüne ve yeteneğine sahip olmakla övünür;

kişinin kendisi ve bitmek bilmez meşguliyetlerinin haricinde bir şeyi tanımasını mümkün kılacak ölçüde bir konsantrasyon yaratmaktan gurur duyar. Bu yaklaşım bir bakıma, kendi içinde ve kendinden dolayı bir şeyi garanti etmiş olabilir: Fanatizmin veya faşizmin veya egotizmin belli tiplerinin imkânsız kılınmasını veya vurgunculuğa adanmamış yaşamların tasavvur edilmesini veya mümkün olduğunca çok sayıda insanı, mümkün olduğunca farklı şekillerde, mümkün olduğunca az alçaltıcı bir hiyerarşi içinde kapsamayı sağlayabilir. Bu kültürün en iyi ihtimalle yapabileceği şey buydu, en kötü ihtimalle ise karşı çıktığını iddia ettiği insanlar kadar zorlayıcı ve kendinden emin olabiliyordu. Özgürlükçülük daima ilgi (ve sempati) alanlarımızı genişlettiğini iddia eder, ama mümkün kıldığı ilgiyle ne yapılacağını her zaman bilemez (ve hatta kendimizi hisseder halde bulduğumuz sempatiyi üzerimizde taşımayı başarıp başaramayacağımızı da her zaman bilemez). İnsanların ilgi alanlarına düzenleme getirmenin iyi sebeplerinin ne olduğunu ve bunu yapmanın en iyi yollarının ne olduğunu düşünmemiz gerekir ve düzenleme getirilmemiş ilginin nasıl bir şey olabileceğini düşünmemiz gerekir (bir yere adanmamış ilgi, muhtemelen başka bir yere adanmış ilgidir). Buradaki felaket daima insanların yanlış şeylere, yanlış şekillerde gereğinden fazla ilgi duymalarıdır; örneğin hem faşistler hem de anti-faşistler için tanım itibarıyla faşizmden başka bir şeye ilgi göstermek çok zordur. Ahlak, olayları daima görülmeleri gerektiği gibi görmekle ilişkilidir: Doğru yöne sevk edilmiş doğru tipte ilgidir.

Belki de şaşırtıcı denemeyecek şekilde, çok farklı ekollerden psikanalistler, ilgi alanlarını genişletme meselesini ele almışlardır. Freud'un dinlemenin yeni bir yolu fikrini (Freud buna "serbest dolaşan ilgi" demiştir: kişinin, neyin ilgi çekici olduğunu önceden bilmediği bir ilgi tipi) takip eden Christopher Bollas (Britanya Independent Psikanalist Grubu üyesi) insanların kendi zihinlerinin karmaşıklığından duyduğu korku üzerine makaleler yazmıştır; Marion Milner "geniş açılı ilgi" hakkında yazmıştır, bu ilgi tipi odaklanmadan kavramak anlamındadır (kırlarda bir ağacın resmini yaparken ağaç dışında her şeye bakıyorum, diye anlatmıştı bir keresinde bana bu durumu); Michael Feldman (Klein ekolünden) insanların kendi gelişimlerine müdahale etmeleri için zihnin aktif olarak daraltılması hakkında yazmıştır ve Fransız psikanalist Jacques Lacan da psikanalistin, kendi merakından korkmaya başladığı zaman hastasına bir şeyler açıklamaya başladığını belirtmiştir. Bu yazarların her biri ilgi ve merak hakkındaki endişelere karşı gözümüzü açarlar, bununla beraber insanlar kendi karmaşık yapılarından korkmuyor olsalardı, zihinlerini kararlılıkla daraltmayı reddediyor olsalardı veya kendiliğinden var olan meraklarından çekinmeselerdi hayatlarının neye benzeyeceği konusunda her zaman bir açıklama getiremezler. Nihayetinde, eğer meraklarından daha az korkuyor olsalardı, birbirlerinden ne istediklerini tasavvur etmeye daha az odaklanıyor olsalardı analistle hastası arasında –veya hatta herhangi bir çift arasında– neler olabileceği tasavvur edilebilirdi? Eğer bir şeylere açıklama getirmek merakı kendi kendine tedavi etmemizi sağlayan bir çareyse, bize bir şeyleri yapmayı bıraktıran çok fazla açıklamamız var demektir; eğer arzu geniş açılı ilgiden kaçmak adına bir sığınaksa, bizi bir şeylerden vazgeçiren çok fazla istek ve arzumuz var demektir. Ve böylesi tartışmalarda her zaman olduğu gibi burada da, bize acı çektirecek şekilde yanlış tipte ilgiler gözümüze sokulur, ama doğru tipteki ilginin sonuçları üzerinde nedense fazla durulmaz, bunlardan kaçınılır. Karmaşık veya daha geniş pencereli bir zihin bize ne fayda getirebilirdi? Daha fazla merak içeren bir yaşam nasıl bir yaşam olurdu? Ne tür bir sosyalleşme veya cinsellik getirirdi? Hayatlarımız, odaklanma olmadan nasıl olurdu? Veya ilgi alanlarımız için her zaman bir reçete yazılmasa veya bilinen bir amaca gitmek üzere bir araç olarak tanımlanmasa ne olurdu?

Bu kitaba dönüşen şeyi yazmaya, edebiyat eleştirmeni Stephen Greenblatt hakkındaki bir konuşmamızı (ek bölümde yer almaktadır) kaleme aldıktan sonra başladım; Talbot Brewer'ın beşeri bilimlerle ilgili açıklaması ışığında yazılmış olması da tesadüf değildir. Greenblatt'ın ilgi dağınıklığına fazla dikkat çekmeden aslında ilgi dağınıklığını ele almış olması bana çok çarpıcı gelmişti ve şaşırtıcı denemeyecek şekilde, ilgi dağınıklığı, ilginin anlaşılmaz yönleri üzerine düşünmenin bir yoluydu (ve elbette yazıyı okumanın da bizi ilgi ve ilgi alanlarımızın niteliği ve amacı hakkında sorularla baş başa bırakması çarpıcıydı). Hem psikanaliz (bir yazım ve terapi uygulaması olarak) hem de edebiyat okumaları (edebiyat ve psikanaliz bu kitapta bilgilendirici unsurlar olarak algılanır) ilgimizin yapısı ve niteliği hakkında bizi bilinçlendirerek işlerlik gösterir; ilgimizi belli meşgalelere çekerek, ilgimizin neyi aradığını ve neden sakındığını merak etmemizi sağlar. Çoğu kişi "edebiyatla", edebiyat eleştirileriyle veya yakın okumayla ilgilenmez ve ilgilenmeyecektir; ama herkesin ilgisi, yalnızca ilgi dağınıklığından veya ilgileri üzerinde kontrol eksikliğinden ibaret kalsa bile bir şeye yönelir. Ve birçok insan, içinde kendilerini kaybedebilecekleri veya içine çekilebilecekleri deneyimler arar ve bunlara değer verir (genel önyargının aksine psikanaliz, en iyi haliyle, insanların kendilerine duydukları ilgiden sıyrılmalarını sağlamak üzere onları özgürleştiren terapidir; insan zihninde bir hastalık semptomundan daha fazla kendi kendini meşgul eden hiçbir şey yoktur, halbuki bir insan için hiçbir şey kişinin kendisinden daha az ilgi çekici değildir). Gösterdiğimiz ilgi tipleri, tercih ettiğimiz ilgi alanı biçimleri, göründüğü kadarıyla istediğimizi düşündüğümüz hayatları elde etmeye çalışmanın en iyi yollarıdır.

İlk aşamada soru daima şöyledir: Herhangi bir anda, neye ilgi göstermeye değer? Ve sonrasında da, ne tür bir ilgi göstermeliyiz? Sonrasında, bunu yapmak için gösterebileceğimiz sebepler nelerdir? Sonrasında, bu sebepler arasında nasıl ve neye göre karar veririz? Sonrasında, kriterlerimiz nelerdir ve bu kriterler kim tarafından konur? Doğru şeylerle doğru şekilde ilgilenmemiz gerekir. Ya da en azından herkesin bize söylediği budur.

Bununla beraber, Freud'un rüya görme tanımına göre ilgi, birbiriyle rekabet halindeki çok sayıda amaç ve istek için kullanılan bir kelime haline gelir. Freud bize yeni bir ilgi biçiminin açıklamasını getirir, bu ilgi farkında olmadığımız ilgidir; bu yaklaşıma göre etrafımızdaki dünyayı farkında olmadığımız sebeplerle ve yollarla algılarız. Rüya görmek, hayatlarımızda başka nasıl ve nelere ilgi duyduğumuza dair bir görünüm sunar. Ve Freud'un açıklamasıyla hemfikir olalım ya da olmayalım, bu açıklama bize, hayatlarımıza farklı bir tür ilgiyle yaklaşmamız halinde ve dahası ilgimize yeni bir tür ilgiyle yaklaşmamız halinde neler olabileceğini gösterir. Örneğin Freud'un "rüya günü" olarak adlandırdığı süreçte (rüyanın görüldüğü gecenin öncesindeki gün) dünyayı algılamamızı sağlayan veya algılamamızı sağladığını düşündüğümüz durumlara dikkat etmeyiz. Freud'un öne sürdüğüne göre, –her zaman gelecekteki muhtemel tatminlerimize dikkat kesilerek– "rüya çalışması" olarak adlandırdığı ve uyurken yaptığımız şey için malzeme toplarız, ama yaptığımız şeyin bu olduğunu fark etmeyiz. Gün içerisinde uyurgezer (ve işçi) gibiyizdir, rüyamıza hazırlanırız. Dolayısıyla rüya günü esnasında farkında olmadan o gecenin rüyası için çalışırız. Ve bu durum doğru şeylerle ilgilenmememizi de kapsar (kanıksadığımız bariz ilgi objeleri dikkatimizden kaçar), bunun yerine tahmin edilemeyen, oldukça beklenmedik şeylere ilgi gösteririz ve beklenmedik şeylerle de beklenmedik bir yolla ilgileniriz. Bir başka deyişle Freud'un rüya çalışması kavramı gösterdiğimizi düşündüğümüz ilgi nosyonlarını radikal şekilde revize eder. Rüya çalışması bize, ilgimizi çeken şeylerle ve aynı zamanda hiç ilgimizi çekmiyormuş gibi görünen şeylerle beklenenden daha fazla ilgilendiğimizi ve farklı şekilde ilgilendiğimizi gösterir. Ve bizim için önemli olduğunu bilmediğimiz şeylere, tanım itibarıyla farkında olmadığımız yollarla her daim ilgi gösterdiğimizi söyler. Güne karşı daha fazla ilgi gösteririz çünkü neler getireceğini veya ne içerdiğini asla önceden bilmeyiz (ve gece göreceğimiz rüyayı da asla önceden bilemeyiz, asla tahmin edemeyiz). Her şey bir yana yaşadığımız günün vahşi çocuklarıyızdır, ama gereksinim duyduğumuzu bilmediğimiz şeylere karşı tetikteyizdir; çünkü zihnimizin farkında olmadığımız bir köşesinde gelecek olan rüya vardır.

Tecrübelerimizden bildiğimiz gibi, gün içinde ya fark ettiğimizi unuttuğumuz ya da fark ettiğimizin hiç farkında olmadığımız şeyler rüyalarımızda ortaya çıkar: imgeler, ifadeler, jestler. Freud, *The Interpretation of Dreams** adlı eserinde "Günün taleplerinin ayrıcalığı doğrudan rüyaya öncülük eder" demektedir, yani günün bizden taleplerde bulunduğunu, bizim de gün içinde farkında olmadığımız taleplerde bulunduğumuzu öne sürer ve

* Sigmund Freud, *Rüyaların Yorumu*, Çev. Dilman Muradoğlu, Say Yayınları. (ç.n.)

daima fark edilmeden geçip giden bu taleplerin bir tür acil önceliklerinin, "ayrıcalıklarının" olduğunu söyler ve hatta günlerimizin, içinden rüya üretmemiz için yaşandığını ifade eder (Freud'un bakış açısına göre bir rüya üretmek, bilinçaltı arzuları formüle etmektir ve ne istediğimiz ve neye ihtiyaç duyduğumuz üzerinde çalışmaya devam etmenin yoludur). İçimizde bir şahıs varmış gibidir –bu şahsa "rüya yapıcı" diyelim–, bu şahıs bizim adımıza günümüzle ilgilenir ama biz o gün neyin ilgimizi çektiğini, neyin bu rüya için işe yarar olduğunu asla fark etmeyiz. Freud'un yazdıklarına göre rüya çalışması (bizimle ilgili olup da rüyalarımızı oluşturan şeyler üzerinde yapılan çalışma), "bizi rüyaya götüren uyarıcılar olarak vazife gören tüm kaynakları rüyanın içinde tek bir bütünlük halinde birleştirmek adına bir tür gereksinim altındadır". Ve Freud bir dipnotta da "rüya çalışmasının, rüya günü gerçekleşen tüm ilgi çekici olayları tek bir aksiyona birleştirme eğiliminden" bahseder. Freud'un bir rüyanın oluşturulmasını bir sanat eserinin yapımı gibi tarif etmiş olduğunu birçok kişinin fark etmiş olması şaşırtıcı değildir; rüya yapıcı gün boyunca rüya için gerekli malzemeleri bize haber vermeden toplar veya aslında bize bir rüya yapıcının iş başında olduğunu söyler (muhtemelen Freud'un da bildiği üzere Nietzsche "rüyalarımızda hepimizin birer sanatçı olduğunu" belirtmiştir).

Kendi arzularımızın görünmez sanatçıları olarak Freud'un açıklamasında kendi yapımımıza ve kendi aracılığımıza şaşılacak ölçüde dikkat gösteririz. Ve yapılan şey, yani rüya –sanat eserleri gibi– her şeyi bariz biçimde ortaya sermeden merak uyandırıcı olma eğilimindedir; tüm bilinçdışı ilgimiz bizi nasıl ilgi göstereceğimizi tam bilmediğimiz bir şeye doğru götürür. (Rüyaları veya sanatı anlamanın bir anahtarı olsaydı hepimiz bunu kullanırdık; tabii elbette istediğimiz şey bunları gerçekten anlamaksa. Freud zaman zaman, anlama isteği sergilerken yanlış tipte bir ilgi gösterdiğimizi ima eder.) İnsanlar, ortada hiçbir zaman tam bir rüya yorumu olmadan rüyaları yorumlamıştır; rüyalarına ne tür bir ilgi göstermeleri gerektiği konusunda her zaman endişe duymuşlardır ve rüyaların oluşturulmasında ve görülmesinde ne tür bir ilginin kullanılmış olduğu konusunda endişelenmişlerdir (bir rüyanın yapımında, paradoksal olarak, merakımızı tetikleyecek ve bizi şaşkına çevirecek gizemli bir şeylerin iş başında olduğunu düşünerek bunlara dikkat kesiliriz). Freud, cinsellikle olduğu gibi ilgimizin doğasıyla da ilgileniyordu; ilgimizi nasıl kullandığımızı, ne için kullandığımızı ve ilginin nasıl bir araç olduğunu inceliyordu. Hatta cinsellik, ilginin açmazlarını açıklaması açısından çalışmalarında sık sık başvurduğu bir dayanak konumundaydı.

Psikanalist Charles Rycroft *The Innocence of Dreams* [Rüyaların Masumiyeti] adlı çalışmasında (kitabın başlığı, rüyanın yapımında ve her şeyi başlatan ilgi konusunda masum olduğumuz anlamına gelir) "rüya oluşumunun, rüyayı gören kişinin uyanık yaşamından gelen bir tetikleyici olaya veya başlatıcıya gereksinim duyduğunu" söyler; bu başlatıcı da, ifade bulma arayışında olan bastırılmış bir dürtüyle bazı fiili ve sembolik ilişkiler barındırır. Başlatıcı, bize bilinçdışı arzularımız hakkında bir şeyler hatırlatan herhangi bir şey olabilir. Ama şunu belirtmek gerekir ki, gerçekleştiği sırada ne bu tetikleyicinin ne olduğunu biliriz ne de tetiklenen yasak arzularımızın neler olduğunu bilinçli olarak fark edebiliriz. Sanki içimizde bir şeyler, tetikleyici bir olayı gördüğü zaman bunu anlamaktadır. Bu hikâyede ikili bir yaşam sürdürürüz: bilinçli ilgi ve endişelerden oluşan bir yaşam ve henüz bilinç olan arzulardan oluşan bir yaşam. Freud'un üstü kapalı ifade ettiği üzere, doğru şeylere doğru şekilde ilgi göstermeye teşvik ediliyor olabiliriz ama içimizde oldukça farklı bir şeyler (başka ne isteyebileceğimiz, başka neyin ilgimizi çekebileceği) üzerinde çalışan başka bir tarafımız vardır ve bu farklı şeyler rüyalar haline getirilecektir (rüyalar bu anlamda kültürün karşıt kültürüdür).

Bir konuşmayı dinlemeye gidebilirim ve söylenenlere büyük ilgi gösterip bununla meşgul olabilirim, ama o gece rüyamda konuşmacının kravatını görebilirim. Ve sonrasında da bir psikanaliz esnasında bu rüya bağlamında (ve elbette geçmiş ve şimdiki yaşamım bağlamında) kravatla ilgili çağrışımlarımı aktardığımda, beni o kadar içine çekmiş olan konuşmada söylenmiş herhangi bir şeyden çok daha farklı düşünce, his ve anılar keşfetmem kuvvetle muhtemel olacaktır. Bir başka deyişle, ilgi gösterdiğim ve dikkat ettiğim şeyler, yalnızca veya basitçe benim ilgi gösterdiğimi düşündüğüm şeyler değildir. O konuşmada, benim için, benim fark etmiş olduğumdan çok daha fazla şey vardır; benim bir tarafım tarafından Freud'un "günden -kalanlar" dediği şey için kullanılmıştır- bilinçdışı isteklerimi bir rüyada formüle etmek amacıyla kullanmam için günden bana kalanlardır. Gün içinde geçen zaman, rüyayı gören kişi tarafından bilinçdışı durumdaki kabul edilemez ve bununla beraber fark edilmemiş arzularını rüya aracılığıyla formüle etmenin bir yolunu bulması için kullanılmış gibidir. Veya başka bir şekilde ifade etmek gerekirse gün, muhtemel bir geleceğin anlamını çıkarmak için, muhtemel bir gelecek çıkarmak için kullanılır.

Freud'un, *Rüyaların Yorumu*'nda rüyaların içeriği ve işlevine dair ortaya koyduğu açıklamaları (burada bu açıklamaların özet niteliğinde bir bölümü yer alır) kabul ediyor olalım veya olmayalım, teorisiyle ne yapmaya çalıştığı açıktır. Freud'un rüya teorisi farkında olmadığımız fark edişlerimiz hakkında bir hikâyedir, resmi olmayan merakımız, ilgilendiğimiz şeyler hakkındadır, ilgi göstermediğimiz veya ilgi göstermeyi tercih etmeden gösterdiğimiz ilgi tipleri hakkındadır veya ne açıdan bakılırsa bakılsın hiç ilgi göstermediğimiz ilgi tiplerimiz hakkındadır. Freud şöyle sorar: Toplumsal olarak onaylanmayan, desteklenmeyen veya hatta bizim kendi tarafımızdan da tercih edilmeyen şeylere gösterdiğimiz ilgiye ne oluyor? Freud dikkatimizi yalnızca pek bildik duygulara değil, aynı zamanda asla gerçekten aşina olmadığımız hislerimize çeker; kabul etmemeyi tercih ettiğimiz arzularımız, amaçlarımız ve tutkularımız olduğuna, ilgi alanlarımızın gerçek ölçeğine, ilgimizin ne kadar da tahmin edilemez olduğuna, kendimizle ilgili bazı olasılıkları gizleme şekillerimize dikkat çeker. Bunu cinsellik olarak adlandırmak, bahsedilen şeyi kısıtlamak, başka bir anlam yüklemek halini alabilir.

Kendisini o güne kadar haberdar olmadığı bir olasılık içinde bulduğunda bir çocuk ne yapar? O güne kadar açıklanmamış veya hayatının ilk yıllarında bulunduğu çevrede onaylanmayan, konuştuğu dilin kapsamadığı bir şeyleri fark ettiğinde ve bunlardan zevk aldığında ne olur? Ailesi dışında da hazlar olduğunu keşfettiği, aile çevresinin dışında istediği bir şeyler olduğunu gördüğü an, bir çocuğun hayatında hayati bir andır. Gayri resmi, onaylanmamış ilgilerimizin büyük bir bölümünün, o kafası karışık tanınma arayışı esnasında gitgide daha tuhaf biçimler almak zorunda kalabileceğini göz önünde bulundurmamız gerekir (semptom denen bu işaretler henüz adı konmamış arzu deneyimlerini kodlamaktadır). Lacan'ın "kaçırılmış karşılaşmalar" olarak ifade ettiği durum üzerinde çalışırız ve bu kaybı engellemek arayışındayızdır her zaman; bunlar kaçırılmıştır çünkü ne istiyor olabileceğimize dair üstü kapalı işaretleri açıklamanın bir yolunu bulamayız veya bizden uzak tutuldukları için kaçırılmış durumdadırlar. Elbette bu noktada kültür devreye girer ve bize *muhtemelen şunu görüyor ve şunu istiyor olmalısın* diye söyler ve böylece bize bunların ne olduğunu keşfetme alanı bırakmaz (bize bunları keşfedecek tipte bir eğitim vermez). İlgiye ilgi göstermek demek, istemenin yenilikçiliğine, bulduğu ve bildirdiği algıya, bu çalışmaya ilgi göstermektir. Ve isteyebileceğimiz şeyin henüz var olmayabileceğini kabul etmektir. İstemenin, oluşturmayı, yapmayı gerektirdiğini kabul etmektir.

Freud, *Civilization and its Discontents** adlı kitabında ve diğer ifadelerinde şunu söylerken bence haksızdır: "Zihinsel yaşamda bir kere oluşmuş olan bir şey bir daha asla yok olmaz, her şey bir şekilde korunur" (Freud, geçmişin yok olabilirliğine dair Roma kenti örneğini kullanırken, Roma'nın büyük bölümünün aslında yok olmuş olduğunu çok iyi biliyordu). Belki de şunu söylemek daha doğru olacaktır ki –ve Freud da, göründüğü kadarıyla kayıpsız olan bir yaşam düşüncesinde bunu ima ediyor olabilir– fark edilmemiş farkındalıklarımızın, gayri resmi ilgi biçimlerimizin birçoğu korunur. Bunlar, doğru anı yakalamak için fırsat kollayan hayaletler gibi bize musallat olurlar. Kaybolan ise yalnızca olasılığın bir biçimi olarak ilgi görür (olasılık, içimize atıp bastırmaya değer olan yegâne şeydir). Bizim aradığımız şey, belirsiz sonuçları olan fırsatlardır ve bunlar ortaya çıktığı sırada, aslında onları ıskartaya çıkarmak için pek acele etmeyiz. Gerçekleştirilmemiş fırsatlar, tamamlanmamış eylemler bırakmadığımız, tutunduğumuz şey-

* Sigmund Freud, *Uygarlığın Huzursuzluğu*, Çev. Haluk Barışcan, Metis Yayınları. (ç.n.)

lerdir. İlgimiz bunlara tutunma işlevini görür; elbette aksi yönde, yani bizi bilinmeyen bir geleceğe karşı güvende tutma yönünde kullanılmadığı zaman. Güvencenin hizmetinde olan ilgi vardır, bir de başka şeylerin hizmetinde olan ilgi vardır.

Rüyalar, en azından Freud'un açıklamasına göre, olası olanın ilk versiyonu, formüle edilmiş ilk aşaması haline gelir (rüyalar güvence sunmak yerine huzursuzlanır, yerleşik düzenden kaçınır: rüyalar açıkça yenidir); bu olası olan da, belki de şaşırtıcı denemeyecek şekilde, ilk aşamada anlaşılmaz ve yabancı biçimler alır. Bir başka deyişle rüyalar, sözcükler halinde gelmez; yalnızca rüyaların anlatımı sözcüklerle ifade edilir (dilin her zaman yarattığı anlaşılırlık illüzyonuna sahip değildirler). Rüyalar, bir yandan çoğu zaman dayanılmaz ölçüde ilgi çekiciyken, bir yandan da kendilerine gösterdiğimiz ilgiye kolaylıkla meydan okurlar. Ve onları görebiliriz -bir an için olabildiğince canlıdırlar ve bir o kadar çabuk kaybolup giderler- ama gözlerimizle görmeyiz. Bu açıdan rüyalar, Freud için, ilgi ve dikkatimiz tarafından oluşturulan bilmecelerin en güzel simgesi olabilir. Freud'un öne sürdüğüne göre rüyalar, ilgimizi ilgimize çeker; hastayı, rüyasının unsurlarına serbest çağrışım yapmaya davet eden Freud'un terapi metodu, rüyayı gören kişiyi, hayatına beklenmedik bir ilgi gösteren bir kişi olarak ortaya koyar. Hakkında bir şeyler öğrenmek istediğimiz şey, ilgimizmiş gibidir; ilgi biçimlerimizin geçmişi ve ilgimizi ne yapmak için kullandığımız sorgulanır. Neyi arzuladığımız, dikkatimizi, nasıl arzuladığımızdan uzaklaştırabilir; nasıl arzuladığımız da, dikkatimizi neyi arzuladığımızdan uzaklaştırabilir. Freud'a göre, herhangi bir şeyle ilgileniyor olmak için ilgimize yeterince ilgi gösteriyor olmamız gerekir.

Görmek istediğimiz şeyi görüyor olmamız, algımızın isteklerimizle hedef şaşıyor olması bilinmeyen bir durum değildir. Bilinmeyen durum ise şudur ki, biz çok fark etmesek de görmek istediğimizin çok daha fazlasını görürüz. Bu kitap, bunu yapmak ve yapmamak konusunda nasıl ilerlediğimizi anlatıyor. Ve ne kadar ilgi gösterdiğimizi anlatıyor, bu ilgiyi göstermeyi biz istesek de istemesek de.

III

Derinliklerimizde her ne varsa onu
oraya biz kendimiz koymuşuzdur.

Richard Rorty,
Consequences of Pragmatism

Freud ve diğerlerinin öne sürdüğü gibi eğer farkında olmadığımız fark edişlerimiz oluşumumuzun bir parçasıysa ("çocuk büyürken" diye yazar Donald Winnicott, "benliğinin içeriği yalnızca kendisinden ibaret değildir"); eğer farkında olabileceğimizden veya farkında olmak istediğimizden çok daha fazlasını içimize çekiyor ve bir şekilde kayda alıyorsak, bu durum, Winnicott'un en dikkat çekici makalelerinden birinin başlığını kullanarak bazı çıkarımlar yapmamızı sağlayabilir: Yani ahlak ve eğitime dair çıkarımlar yapabiliriz. Gerçi Winnicott büyümekte olan çocuğun yeni şeylere ölçüsüzce açık oluşunu, kendiliğinden gelen davranışlarıyla uyum gösterme davranışları arasındaki bir çatışma olarak ifade eder; çocuk, kendi kişisel gelişimini yavaşlatmak pahasına bile olsa çevresine adapte olmaya çalışmaktadır (bu tabloya göre bu durum çocuğun doğuştan var olan bir özelliğidir ve az ya da çok çevresel faktörlerden etkilenerek yoluna devam eder). Winniscott, "Ahlak ve Eğitim" adlı makalesinde "çocuğun tutunup benimsemesi için etrafında bulunan kültürel fenomen" dediği fikri devam ettirerek yetişkinlerin, "etrafa yalnızca objeler değil (ayıcıklar, oyuncaklar vs) aynı zamanda ahlak kuralları da bırakabilecekleri" önerisini getirir; böylece çocuk, kendisine yetişkinler tarafından empoze edilmiş, yalnızca uyum gösterip kopyalayacağı fakat kendi tarzında kullanamayacağı bir ahlaka sahip olmak yerine ilgisini çeken şeyi kendi arzusuna göre takip edebilecektir (bu tablo, dayatılan ve manipüle edilen bir ilgi yerine doğal, doğuştan gelen, kişisel sürüklenmelere dayanan bir ilgiden bahseder). Böylece çocuk "kendi ahlak kapasitesine erişir... ve dönemin ahlak kurallarını veya genel kültürel mirasını kullanmak veya kullanmamak adına kendi yolunu çizebilir". Eğer travma dediğimiz şey dönüştürülemez bir deneyim ise, bu durumda kişisel olarak dönüşüme uğratılmak yerine basitçe itaat edilerek kabul edilen herhangi bir ahlaki inanç -veya hatta psikanalitik veya başka bir teori- travmayla akrabadır. Winnicott'a göre, çocuğun etrafında bulunan şeyi kullanışı, kendi arzusuna göre bulduğu şeyi dönüştürme kapasitesine bağlıdır. Dolayısıyla babadan kalma ahlak, babadan kalma herhangi bir bilgi daima potansiyel bir çıkmaz sokaktır ve bu yaklaşım da elbette gelenekle ilgili geleneksel fikirleri radikal ölçüde revize eder. Ebeveynlerin ve çocukların birlikte neler yapabileceğine dair Winnicott'un çizdiği resmi, daha geç dönem kültür aktarımı biçimlerine de aktarabiliriz: Bu geç dönem kültür aktarımı biçimlerinde aile katılımının yanı sıra ailenin yerine kısmen eğitim kurumlarının geçtiği bir yapı söz konusudur.

Örneğin (ve Winnicott'un yaklaşımını takip ederek) eğitim kurumlarında normalde öğretilenden çok daha fazla öğretilecek şey olduğu açıkça görülmektedir. Öğretmenler –bazı öğrenciler gibi– tanım itibarıyla dikkat çekme arayışındadır; ama dikkat çekme arayışında olan herkeste olduğu gibi aradıkları ilgiyle gördükleri ilgi arasında uyuşmazlık olabilir. Ve hatta gösterdikleri ilgiyle öğrencinin gördüğü ilgi arasında da bir uyuşmazlık olabilir (sunulanla etrafta kendilerini bekler halde buldukları arasındaki uyuşmazlık). Bir bakıma aynı sebeple, ahlaka ne tür bir ilgi gösterdiğimizi (göstermemiz beklenen ilginin karşıtı bir yaklaşımla) düşünebiliriz. Veya biraz farklı şekilde ifade etmek gerekirse, daima bütünüyle farkında olabileceğimizden daha fazla –veya daha başka– arzulanabilecek şey olduğunu düşünürsek, kural ve düzenlemeler ne tür arzu nesneleri konumundadır? Bir kurala uymam, sayısız yönde gösterdiğim ilgiye dayanır. Etrafta neler olduğuna gösterdiğim ilgi ve bana önemli olduğu söylenen şeye gösterdiğim ilgi söz konusudur (Oscar Wilde'a bir keresinde bir yemekte şöyle sorulmuştu: "Peki ama Bay Wilde, ahlakın önemli olduğunu düşünmüyor musunuz?" Wilde'ın cevabı şöyleydi: "Evet, ama önemin önemli olduğunu düşünmüyorum.")

Eğer kurallar da, öğretmenler gibi, tanım itibarıyla dikkat çekme arayışındalarsa, arayışında oldukları ilgiyi de tanımlamaya çalışırlar; sanki bir kurala uymanın ne olduğunu bildiğimiz gibi öğrenmenin ve öğretilmenin ne olduğunu biliyormuşuz gibi. Gerçi *Hamlet*'i öğretmekle birine satranç oynamayı öğretmek arasında fark olduğu açıktır. Satrancın kuralları, *Hamlet*'in tartışmaya açık olduğu anlamda tartışmaya açık değildir ve bununla beraber bu iki çok farklı örneğin ikisinde de, daha ileri öğretimi mümkün kılabilmek adına uygun ilgi tiplerinin öğretilebileceği varsayılır. Burada ortaya çıkan yegâne soru ilgi biçimlerinin öğretilip öğretilemeyeceği değildir; ilgi biçimlerinin belli ölçüde öğretilebileceği açıktır: İnsanlar satrancın nasıl oynandığını öğrenir, *Hamlet* okumayı, izlemeyi ve *Hamlet* hakkında konuşmayı da öğrenirler; neticede şöyle bir soru da ortaya çıkar: İlgi biçimlerini öğretirken veya öğrenirken, psikanalitik açıdan ne yaptığımızı düşünürüz? Psikanalitik önvarsayımlar (bilinçdışına, cinselliğe, Freud'un "acı ve haz ilkesi" dediği şeye dair önvarsayımlar) dikkat çekme arayışı hakkındaki tartışmadan ne eksiltir veya bu tartışmaya ne ekler? Bunu dikkat arayışının iki anlamı açısından da ele alabiliriz: Yani, başkalarının dikkatini çekme arayışı anlamında ve kendi ilgimizin tatmin edici biçimlerine yönelik arayış anlamında ne eksiltir veya ne ekler? Bilinçdışı algımıza bir şeye ilgi göstermesini söyleyebilir miyiz? Bilinçdışını veya cinselliği eğitmek hakkında konuşmanın ne tür bir anlamı olabilir? Aslında pek anlamı yoktur ama göründüğü kadarıyla hiç durmadan bu konuda konuşuruz veya konuşmayı isteriz. Kültür aktarımı, dikkat çekme arayışını doğru olduğu düşünülen şekilde yapmanız anlamına gelir.

Bir anlamda Deleuze'ün "etkilenme kapasitemiz" dediği nosyonuna işlerlik kazandırmaktan bahsetmiş oluruz; pragmatik olmaktan bahsederiz –yani pratik ve sorun çözücü olmaktan– ama şurası açık ki pragmatizm burada işlememektedir. Eğer *sıklıkla fark edemediğim şekillerde* içimdeki ve etrafımdaki dünyadan sürekli olarak etkileniyorsam, ne kadar eğitilebilir olabilirim veya otoritelerin amaçlarına karşılık ne tür bir eğitim alıyor olabilirim? Winnicott'un diliyle ifade etmek gerekirse, etrafta duran herhangi bir şeyi zihnime aldığımda bunu her zaman fark edebiliyor muyum (örneğin farkında olmadan aklımda kalan bir şarkı gibi)? Psikanaliz, biz, bize bir şey olmasını isterken bize aslında ne olduğunu açıklamanın bir yoludur ve biz bir şey yaptığımızı düşünürken aslında ne yapıyor olduğumuzu açıklar. Örneğin bir Freudyen dil sürçmesi yaşadığımda, aslında bir şeye dikkat çekmeye çalışıyorum demektir ama yaptığım şeyin bu olduğunu fark etmem ve buradan aslında başka bir şeye dikkat gösteriyor olduğum anlamını çıkarabiliriz. Göründüğü kadarıyla istemeden bir şey söylediğimde, dikkat çekme arayışım yanlış yöne sapmış demektir; kendimi ve diğer insanları farklı bir yöne, amaçlanmamış bir yöne saptırmış olurum. Rüya görürken, kendimi tahmin edilmemiş ve tahmin edilemeyecek dramatik bir alana götürürüm, Freud buna "öteki sahne" der. Rüya esnasında istemsiz bir ilgi gösteririm; uyandığımda ise rüyama ne tür bir ilgi gösterebileceğimi seçebilirmişim gibi gelir. Freud'un rüyaların yorumu yaklaşımı, ilginin bir biçimini, "rüya deneyimini", serbest çağrışım yoluyla bir başka ilgi biçimine, rüya yorumuna tercüme etmeyi de içerir. Serbest çağrışımda, rüyanın unsurları hakkında ve bunlarla ilişkili olarak aklınıza gelenleri görürsünüz (ve not edersiniz); burada rüyanın kendisi de gece aklınıza gelmiş bir şey olarak ifade edilebilir. Freud'un, "psişik hayat" dediği duruma dair tanımlarında, rüyanın ve sürçmenin kendisi ilgi arayışındaymış gibidir; temsil ediyor olabilecekleri şeyle fark edilip tanınmak isterler (Freud'a göre bilinçaltı arzuların temsilleridir) ve rüya ve sürçme ilgi arama yollarımızdır; kendimizden ve başkalarından esrarengiz taleplerde bulunmak adına kullandığımız araçlardır. Bu talepler esrarengizdir çünkü kabul edilemez arzuların temsilleri oldukları için onları üstü örtülü hale getirmemiz gerekir. Ve böylece dikkat çekme arayışının tüm biçimleri gibi, aradığımız ilginin ne olduğunu her daim önceden bilmediğimizi varsayabiliriz. Bununla beraber psikanalizde -herhangi bir başka özcü teoride olduğu gibi- gereksinim duyduğumuz ilginin ne olduğunu bildiğimiz varsayılır; *bilinçdışı olarak*, içimizde neyin ilgiye ihtiyaç duyduğunu ve aradığımız ilginin arzulanan biçimlerini biliriz (ihtiyaç nedir sorusunu yanıtladıktan sonra şu soruyu sormamız gerekir: Bir ihtiyacı karşılamak ne demektir?). İhtiyaçlar, onlara gösterdiğimiz ilgi türüyle tanımlanır. Ve herhangi bir şey ilgi çekme arayışındaysa, o şey bir ihtiyaçtır.

Dolayısıyla Freud -ve ondan sonra gelen psikanalizin büyük bölümü- ihtiyaçlarımızın doğasının reçetesini yazarken, dikkat çekme arayışımızda bize yardımcı olmuştur diyebiliriz. Ancak ihtiyaçların özünü ortaya koymak ilgi üzerinde baskı oluşturmaktır. İhtiyacın doğasını tanımladığınızda ilgi biçimleri repertuarını sınırlamış olursunuz; dikkat çekme arayışının amaçlarıyla hedeflerini açıklayarak arayışın romantizmini abartılı bir şekilde tanımlar hale gelmişsinizdir. İlgi çekme arayışı denen davranış yaşamınızdaki bir deney olmaktan çıkar; bir arayıştan ziyade bir proje, merakın bir türünden ziyade bir program halini alır. Dolayısıyla Winnicott kültürden "fiziksel fonksiyonun yaratıcı şekilde incelikli hale getirilişi" olarak bahsederken, Freud'un kültüre dair süblime edilmiş (sosyal açıdan kabul edilir hale getirilmiş) içgüdüler şeklindeki potansiyel olarak indirgemeci açıklamalarını yaratıcı şekilde incelikli hale getirmiş olur; tatmin denen memnun edici ilgiyi arayan içgüdüsel dürtülere ve varlığın kendini her şeyin önünde görmesine dair Freudyen açıklamaları detaylandırır. Burada vurguyu nereye yapmak istediğiniz önem kazanır, fiziksel fonksiyona mı yoksa yaratıcı şekilde incelikli hale getirmeye mi yöneleceksiniz? Nihayetinde, fiziksel fonksiyonu yeniden tanımlamaya başladığınızda, ki Winnicott buna yaratıcı incelik kazandırma der, bu incelik nereye kadar gider? Fiziksel fonksiyon, yaratıcılıkla yeniden tanımlanışı ışığında nasıl görünecektir? Özcü teorilerde ulaşabildiğiniz nokta başlangıç noktanız olacaktır (Tanrı, günahların kökeni, içgüdüler, genler, vb). Dolayısıyla ilgi arayışının diğer arayışlarımızdan çok farklı olabileceğini söylemek isterim. Bana göre ilgi arayışı arayışımızın doğasını aramaktır ve en iyi ihtimalle öngörülebilir bir sonu olmayan bir yol (bir araç) olduğunu düşünüyorum (bu durumda ilgi arayışının, meta olmayan bir şeyi aramak olduğunu söyleyebiliriz). İlgi arayışı, diğer her şeyin yanı sıra daima bir sevgi testidir (ilgi göstermesi istenen kişinin ilgi arayışındaki kişiye sevgisini test eder) ve bu şekilde görülmelidir. Yani hor görmeden ele almak gerekir. İlgi arayışımızda ne istediğimizi veya ne beklediğimizi bilmediğimiz varsayılabilir; başkalarına olan en şiddetli bağımlılıklarımızda da böyleyizdir. Ve gerçek anlamda bir mutlak bağımlılık söz konusu olduğunda yeni sosyalleşme biçimlerinin dip dalgaları ve gerçekleşme olasılığı ortaya çıkar. Bu durumda ilgi arayışı, ideal haliyle, bir başarısızlıklar trajedisi olmak yerine yanlışlıklar komedisi durumundadır. İlgi arayışı bu durumda mazeretsiz ortaya çıkabilen bir şey olarak görülebilir.

Eleştirmen Eric Griffiths, J. L. Austin'in muhteşem denemesi "A Plea for Excuses" [Mazeretlerin Savunması] ile ilişkili olarak komediden bahsederken bu durumu en iyi şekilde ortaya koymuştur:

> Austin'in, daha büyük bir emsal çeşitliliğine duyulan daha hevesli bir ilgiyi felsefi bir zemine oturtarak yaptığı savunmayı hatırlarsak, komedinin özüne dair herhangi bir formülasyon önermeyişimin, bir antientelektüelizm veya antiteori anlayışı çerçevesinde olmadığı umarım net şekilde görülecektir. Komedi hakkındaki düşünceler, farklı emsallerin zevkine ve testine tabi tutulmalıdır, ayrıca komedi yaklaşımı, Büyük Fikir'le* yola çıktığını düşünerek rehavete kapılmaktan kaçınmalıdır. Dolayısıyla bu konuda herhangi bir yargıya varamadığımı söylemem gerekir...

İlgi arayışı denen durumda, daha büyük bir emsal çeşitliliğine duyulan daha hevesli bir ilgi, Griffiths'in "Büyük Fikrin rehaveti" dediği şeye duyduğumuz gereksinimden vazgeçebilmemiz halinde yeterince ilgi çekici ve zevkli olabilecektir (böylece ilgi, insan doğasının kısıtlayıcılığından sıyrılan daha kullanışlı bir fikir olabilir). Psikanaliz, en iyi haliyle, daha büyük bir emsal çeşitliliğinin söz söylemesine izin vermenin bir yoludur; emsalleri elimizin tersiyle itmeden bu emsallerin zevkine ve testine tabi olmaktan keyif almayı sağlayabilir. Freud daima, Büyük Fikrin doğurduğu rehaveti gözler önüne sermek yerine -Büyük Fikri çözümden ziyade problemin kaynağı olarak görmenin yerine- psikanalizi en büyük Büyük Fikir olarak ortaya koymak niyetindeydi. Freud, bir şeyleri açıp -çeşitli emsallerden ve kısıtlanamaz anlamlardan oluşan bir dünyayı açıp- sonrasında bu dün-

* Büyük Fikir: Pazarlama ve reklamcılık alanlarında hedef kitle tarafından kabul göreceği düşünülerek ortaya atılan büyük bir girişimin temelini oluşturan fikir. (ç.n.)

yayı birkaç Büyük Fikirle kapatmıştır. Psikanalizin her zaman ortaya koymuş olduğu ilgi arayışı yaklaşımı -ve psikanalizin tedavide kullandığı ve yeniden tanımladığı ilgi arayışı- büyük sıklıkla Büyük Fikrin hizmetinde olmuştur. Ve Büyük Fikir de daima sınırlı ve sınırlayıcı bir ilgi gerektirir.

Utanç ve İlgi

I

... Akıl aslında özgür seçim yapmaz: Yalnızca sistemin sunabildikleri arasından seçim yapabilir. Akıl, bir sistemin mantığını izler.

Byung-Chul Han,
Psychopolitics

Edebiyat eleştirmeni D. A. Miller, Jane Austen'in tarzının "kalbine yakın bir yerlerde, başarısızlığa uğramış veya reddedilmiş ama her halükârda evlenme mecburiyetiyle utanç verici olabilecek bağlantılar içeren bir durum" yattığını söylediğinde, bizi evlilikle alakalı utanç verici bağlantının ne olduğunu tasavvur etmeye davet etmiş olur. Belki Mickey Rooney'nin şu argümanı buna bir yanıt vermek adına yardımcı olabilir: Rooney daima sabahları evlenmek gerektiğini söyler, böylece evlilik yürümese bile günü boşa harcamamış olacaktır. Yani bir başka ifadeyle, utanç verici görünen bir eylemin, utanmadan gerçekleştirildiğinde neye benzeyeceği düşüncesi her zaman merak uyandırır (sanki bunu düşününce utanç faktörünü ekleyerek veya çıkararak yaşadığımız deneyimden ne çıkarabileceğimizi bulabilirmişiz gibi gelir: sanki utanç faktörünü hissedip hissetmemeyi seçebilirmişiz gibi). Evlilikle (veya Miller'ın keyifle kullandığı belli olan deyimiyle "evlilik mecburiyetiyle") utanç verici bağlantı, karmaşık bir şey olabilir. Hatta bu ifadenin muğlaklığı, kişinin evli olmakla ve evli olmamakla utanç verici bir bağlantısının olabileceği düşüncesini doğurur, gerçi Austen'in kendisinin evlenmemiş olduğunu biliyoruz. Ayrıca elbette, eşcinsel evlilik istedikleri için, heteroseksüel yaşamın tüm imtiyazlarını istedikleri için kendilerinden utanmaları gerektiğini düşünen eşcinsel erkekler vardır (Miller üstü kapalı olarak onlara da anıştırmada bulunmuş olur ama bunu yaparken Austen'i eşcinsel bir teorisyen olarak gördüğüne dair bir ifade kullanmaz). Bu durumda evlilik sanki utanç verici bağlantı oluşturan bir şeymiş gibi görünür. Tanım itibarıyla herhangi bir şeyle utanç verici bir bağlantı oluşturmak, ilginin belirli bir şekilde daraltılması anlamına gelir. Utanca yalnızca belli tipte bir ilgi gösterebiliriz. Ve utandırıldığımızda da kendimize karşı yalnızca belli tipte bir ilgi gösterebiliriz.

Miller, evlilikle utanç verici bağlantıdan bahsederek hem durumu daha üst bir boyuta taşır hem de tüm utanç verici bağlantıların apaçık olmadığını veya açıkça kötü olmadığını ima etmiş olur. Nihayetinde Austen'in evlilikle utanç verici bağlantısı, çokça övülen tarzıyla ayrılmaz şekilde ilişkilidir; Miller'ın açıklamasına göre bu bağlantı, Austen'e dair en iyi şeylerden birinin kaynakları arasındadır. Hiç kimse utancın bir nimet (veya bir meziyet veya yetenek) olduğunu söyleyemez; ama pragmatik bir yolla, utancı ne yapmak için (veya ilgimizle ilişkili olarak ne yapmak için) kullanabileceğimizi düşünebiliriz. Veya Austen örneğinde olduğu gibi utancın, bir tarz veya bir ahlak anlayışı oluşturmak için veya neleri mümkün kılabileceğine dair bir spekülasyon yaratmak için nasıl kullanılabileceğine de kafa yorabiliriz. Ama bu da bilhassa olanak dışı görünüyor çünkü utanç, tanım itibarıyla, basite indirgenemez görünen hislerden -deneyimlerden- biridir. Genellikle dayanılmaz bir duygu olduğu gibi, üzerinde düşünülmesi de alışılmadık derecede zordur. Bununla beraber utanç hakkında düşündüğümüzde şunu da aklımızda tutmamız gerekir ki, Oxford İngilizce Sözlüğü İngilizcede utanç anlamına gelen "shame" kelimesiyle taklit etmek, numara yapmak anlamına gelen "sham" kelimesinin etimolojik olarak bağlantılı olabileceğini söylemektedir: "Sham" kelimesi ise "genel olarak, 'shame' kelimesinin kuzey lehçesindeki biçimiyle ilişkili görülmektedir". Dolayısıyla en sahici halimizdeyken bile neyi taklit ediyor olduğumuz üzerinde düşünmeye değer.

Ford Madox Ford şöyle bir saptamada bulunmuştur: "Somut bir şey yaptığınız sırada, gözlem gücünüz sizi terk eder." Utanç duygusundan daha somut, daha güdüsel hiçbir şey yoktur ve dolayısıyla da Ford'un düşüncesi açısından bakıldığında utanç anında gözlem gücünüz sizi terk eder. Zihnin esrarengiz şekilde daralmasıyla beraber utanç kişinin ilgisini ortadan kaldırır. Ve bu da, göreceğimiz üzere, utancın işlevinin bir parçası olabilir. Utancın kurgularından biri kör noktalar yaratmaktır. Dolayısıyla utanç, ilginin (veya ilgisizliğin) belli bir türüdür, kişinin kendine gösterdiği ilginin bir niteliğidir (ve aynı sebepten dolayı, ilgimizle ve ilgimize neler yapabileceğimizin bir göstergesidir). İlginin herhangi bir türünde olduğu gibi, kişi, kendine gösterdiği bu dehşetli ilgiyle amaçlananın ne olduğunu merak edebilir; bu ilgide sanki benliğin bir parçası ayaklanıyormuş gibidir, ayaklanıp bütün benliğe tiksintiyle bakan bilgiç bir üstünlük taslıyormuş gibi bir hal alır. Ve yine bu ilgide kişi, –utanç duygusunun kişinin itibarına bir saldırı olduğu düşünüldüğünde– hangisinin daha dehşet verici olduğunu merak edebilir: Yargıç mı, yargılanan mı? Gerçi bu sorunun sorulması pek muhtemel değildir çünkü kişi kendinden utandığında genellikle küçük düşüşünü bütünüyle hak ettiği varsayılır. Utancın etki gösterebilmesi için, ne gerçekleşmiş olduğu ve neticesinde ne gerçekleştiği konusunu ikinci veya üçüncü kez düşünmek adına zihnin hareket edebileceği bir alan kalmamış olması gerekir. Burada basitçe işkenceci ve işkence edilen vardır. Utanç, sömürge haline gelen bir zihinde ortaya çıkan bir figürdür.

Felsefeci Bernard Williams *Shame and Necessity* [Utanç ve Gereksinim] adlı çalışmasında "utancı neyin tetiklediğini" yazarken utanç ve gereksinim kelimelerini bir araya getirir, bu iki unsurun kaçınılmaz olduğunu düşünmektedir ve utancı, "tipik olarak başkalarından küçümseme veya alay gören veya sizden sakınmalarına neden olan şey" şeklinde tarif eder. Ve aynı zamanda insanın kendisinde çok daha kötüsüne neden olan şeydir. Bir başka deyişle utanç bir sohbet sonlandırıcı etkisindedir. Bir insanın davranışları kabul edilemez addedilmeye başlandığında, karşılıklı iletişim ve alışverişin sınırlarına ulaşılmış demektir. Bu soru hem din adamlarına hem de psikanalistlere sık sık sorulan bir sorudur: Utanç içindeki bir insana veya böyle bir insan için ne söyleyebilirsiniz? Williams şöyle yazmıştır:

> Utancın kökeninde daha genel anlamda bir teşhir durumu, dezavantajlı bir durumda olma hali yatar; çok genel bir ifadeyle bir güç kaybı yatar diyebilirim... Utanç duygusu, kişinin bu kaybın bilincine varması karşısında ortaya çıkan reaksiyondur: Gabriele Taylor'ın ifadesiyle utanç "kendini koruma duygusudur" ve utanç deneyimi esnasında kişinin tüm varlığı küçülmüş veya azalmış görünür. Benim utanç deneyimimde diğerleri benim her şeyimi ve içimden geçen her şeyi görür... Yok olup gitmeyi, orada olmamayı arzularım...

Durumu ters bir açıdan ele alırsak, utanç insana ortadan kaybolma özgürlüğü verir ve bir güç kaybı için ciddi ciddi arzulanabilecek bir gaye olmasın diye düşünme imkânı verir. Williams, utanç probleminin itibarsız bir şeyler yapmaktan olduğu kadar ifşa ve teşhirden kaynaklanan bir problem olduğunu ima eder ve utancın kişiyi diğerlerinden uzaklaştırması, ayrılığı ve terk edilmeyi tetiklemesi utancın dehşet verici yönlerinden biridir (veya başka bir deyişle, utanç verici eylemler en büyük sevgi testleridir). Ancak utanç, genel olarak algılandığı haliyle yalnızca bir kayıp, açığa vurulan bir perişanlık, bir mahremiyet ihlali olarak yaşanabilir. Utanç verici eylem bir zafer gösterisi –coşkunlukla gelen bir ihlal– sonucunda başlamış olsa bile, utanç, böylesi bir zaferin sebep olduğu bir yenilgidir (utanç halinde daima bir şeyler çökmüş demektir). Gerçi utanç anında Williams'ın öne sürdüğü üzere, kişinin tüm ilgisi o korkunç teşhir olma haline yönelir –"Diğerleri benim her şeyimi ve içimden geçen her şeyi görüyor"– ve sonrasında da ümitle eski hale dönüş beklenir. Bana dair görülmüş olan her şey –bana dair o sırada dikkat edilen her ne varsa– hepsi de bütünüyle alçaltıcıdır; dolayısıyla benim hakkımda utanç verici olan her ne varsa bütünüyle onunla tanımlanmış olurum. Değerli benliği geri getirmeyi teşvik eden faktör ise "kendini koruma duygusudur" (benliğin bir hatırlatıcısı olarak utançla eşzamanlı olarak benliğe saldırır). Ama utanç deneyimi o kadar emicidir ki ortadan kaybolma, orada olmama arzusunu harekete geçirir.

İlkin kişi kendi benliğine dayanılmaz bir ilgi gösterir ve ardından da küçük düşmüş benliğin öldürülmesi, ortadan kaldırılması eylemi gelir. Dış dünyaya ilgi zaten ortadan kaybolmuş, dehşet halindeki bir koroya indirgenmiştir. Utanç esnasında dış dünyaya karşı ilgi kaybolur, ayrıca kişinin kendisi hakkında neyin iyi olduğuna veya olabileceğine dair ilgisi de ortadan kalkar. Utanç, benliğin etnik temizliğidir. Dehşete kapılmış ve dehşet uyandıran bir mahkûmiyet halidir. İnsanın kendinden korkunç bir manzara yaratmasıdır.

Bu da şu anlama gelir ki utanç, suçluluk duygusunun aksine, atlatılması tuhaf şekilde güç bir duygudur; kimse sizi küçük düşme hissinden konuşarak kurtaramaz (insanın kendini kandırması bir kuralı çiğnemek kadar kolay değildir). Aslında utanç hayatımız boyunca hissettiğimiz en gerçek şeylerden biridir (buradaki "gerçek" farklı şekilde betimlenmesi veya başka bir şeye dönüştürülmesi zor anlamındadır). Utanç ve suçluluk duygusu arasındaki farka dair standart psikanalitik açıklamalardan birinde (Sandler, Holder ve Meers'ın makalesi: "The Ego Ideal and the Ideal Self") suçluluk duygusu bir açıdan onarılabilir bir duygu olarak düşünülürken utanç onarılamaz olarak değerlendirilir. Yazarların ifadesine göre "utanç, 'kendimi görmek istediğim gibi veya başkalarının beni görmesini istediğim gibi göremiyorum' düşüncesiyle ilişkili olabilir". Diğer yandan suçluluk duygusu "olmam gerektiğini hissettiğim gibi olmayı gerçekte istemiyorum" düşüncesiyle ilişkili olabilir. Suçluluk duygusu bir protestonun, bir başarısızlıktan doğan utancın sonucudur; utancın olduğu yerde, ihlal edilmiş olan etik standartlara tartışmasız bir rıza vardır, ama suçluluk duygusunun olduğu yerde çiğnenmiş olan kurallarla ilgili şüpheler söz konusudur. Suçluluk duygusu olduğunda kurallarla ilgili belirsizlikler vardır; utanç söz konusu olduğunda ise belki bilinçdışı bir belirsizlik vardır, ama bu belirsizlik bastırılmak zorunda kalmıştır. Utancın, bir bakıma daha radikal bir protesto (kurallara karşı, tercih ettiğimiz kendi benliğimizle ilgili varsayımlara karşı bir protesto) olduğu düşüncesine geri döneceğiz ve elbette temel değerlerini tercih ettiğimiz ahlaki iyiliğin onaylanışı hususuna da döneceğiz.

Ama kendimizden utandığımızda, ne yapmış olduğumuzu biliriz ve yaptığımız şeyin korkunç olduğunu da biliriz; yaptığımız şeyin korkunç bir şey olduğu halihazırda bilinmektedir. Ve bu anlamda utanç elbette hiçbir tesellinin ulaşamayacağı bir yerdedir. Utanç verici eylemler bize yeni ahlaki haberler getirmez; açıklıkla sezilebilen herhangi bir anlamda revizyoner değillerdir (toplum içinde kendinizi tutamıyorsanız, insanlar belki bunu anlayışla karşılayacaktır ama ahlakla ilgili fikirleri değişmeyecektir). Dolayısıyla utanç bizim bütünlük ve kontrol sahibi yaratıklar olduğumuzu garanti eder -mutlak veya "temel değerlere" sahip yaratıklarızdır- ve en büyük sıkıntıyı kendimizi bıraktığımızda çekeriz (veya kendimizi bırakırken görüldüğümüzde); buradaki sıkıntımız, başkaları ve kendimiz tarafından görülmek istediğimiz şekilde görülmeye olan temel bağlılığımızın bir işaretidir; bu sıkıntı, temel (ve bilinen) ahlakımıza ihanet ettiğimizde ne hissettiğimizin bir göstergesidir. Ve o zaman eğer mesele, neyin göründüğü, neyin görülebilir olduğu meselesi ise –utancın tüm tanımları görülmekle ilgili bir şeyler içerir– bu durumda utanç kendimizle ilgili başarıyla saklayabildiğimiz ve saklamak istediğimiz şeyler hakkında hissettiğimiz duygudur. Bir başka deyişle utanç tam anlamıyla muhafazakârdır; mahremiyetimizi muhafaza etmek, bizi görülmek istediğimiz halimizle muhafaza etmek için vardır; kendimizi saklayabildiğimiz inancını muhafaza etmek için vardır. Çünkü utanç, yeterince iyi performans gösteremediğimizde hissettiğimiz şeydir (stand-up komedyenin küçük düşme ihtimalini düşünün). Eğer utanç her zaman ihtimal dahilindeyse, performans her şeydir. Utanma kapasitemiz, olmayı istediğimiz kişiye dair korkunç bir hatırlatıcıdır –ve öyle birinin var olduğunu bize hatırlatır– bu performansı sürdürmek ne kadar büyük bir gerginlik olsa da buna devam ederiz.

Dolayısıyla Miller bir açıdan tanıdık bir noktayı vurgular: Yaşamlarımız, kendimiz hakkında utandığımız şeyleri idare etmek üzere organize edilmiştir. Hangi açıdan bakılırsa bakılsın bizler, utancımız hakkında ve utancımızla yapabildiğimiz şeylerden ibaretiz. Ve bu da, kendimizi saklama işlemini, çeşitli kültürel kisveler altında gizlenmeyi başlıca meşgalemiz haline getirebilir; gerçi saklanan şey, kültürel ideallerimizle, tercih ettiğimiz benlik versiyonlarımızla, bize sunulan arzu objeleriyle fazlasıyla problemli bir bağlantı oluşturabilir ("kendime gelip insan içine çıkmadan önce kendimi bırakmalıyım" diye yazmıştır Byron bir mektubunda). Miller'a göre Austen'in tarzı –onunla ilgili en ayırt edici şey– evlilikle "utanç verici bir bağlantıdan" doğar, Austen'in dünyasında hiç kimsenin kayıtsız kalamadığı bir şeydir bu utanç verici bağlantı. Günümüzde bizler daha ziyade parayla veya cinsellikle veya beslenmeyle veya şöhretle veya siyasetle utanç verici bir bağlantı içinde olmaya daha yakınız; bununla beraber yalnızca en önemli şeylerle utanç verici bağlantı içinde olmak mümkündür. Neyin en önemli olduğunu veya neyin en önemli olması gerektiğini böyle anlarız. Kendimizden utanarak, kendimiz hakkında neye değer verdiğimizi ve değer verdiğimiz şey hakkındaki şüphelerimizden nasıl sakındığımızı ortaya koymuş oluruz; utanç adeta hem zevklerimizi hem de ahlak anlayışımızı organize etmektedir. Saklamamız gereken utanç o kadar temel önemdedir ki her şeye yön verir. Tarzımız daima bir şeylerle olan utanç verici bir bağlantıdır. Veya en azından Miller'ın göz önünde bulundurmamızı istediği unsur budur.

Şurası açık ki, kendimizden utandığımızda olmayı veya yapmayı başaramadığımız çok önemli saydığımız bir şey var demektir ve bir şey veya başka bir şey olmak veya yapmak konusundaki bu başarısızlık ifşa olmuştur (çıplaklık utanç konusudur çünkü bürünebileceğimiz başka bir vücut yoktur). Ama bu yetersiz kalışımızda, problemli olan unsurun kendimiz mi yoksa standartlarımız mı olduğunu merak edebiliriz (gerçi, daha önce söylediğim gibi, suçluluk duygusu bu sorgulamaya imkân verirken utanç imkânsız kılar). Ayrıca aynı sebeple, ideallerimizi utanç sorgulamamıza nasıl katabileceğimizi de düşünebiliriz (utanç, iyileştirmek isteyebileceğimiz kültürel ideallerimize dair şüpheciliği başarıyla etkisiz hale getirir). İnsanların zaman zaman suçluluk duygularından zevk alabileceğinden bahsedebiliyor olsak da, utanç hissinden zevk alışlarından pek ender bahsederiz ama bahsetmeliyiz. Bundan bahsetmeliyiz çünkü utanç, getirdiği incelikli ve acı verici cezalandırmanın (ödün verilen ilginin getirdiği rahatlamayla beraber) yanı sıra, en küçük düşürücü kısıtlamalarımıza karşı en içten gelen protestomuzdur. Utanç, değerlerimize destek çıkmadığında, ahlaki sorgulama kapasitemizi de daha baştan ele geçirir. Ve bu anlamda da bu sorgulama her zaman tamamlanamamış bir eylem olarak kalır; şu sorunun sorulmasının önünü keser: Göründüğü kadarıyla hak edilmiş ve duruma uygun küçük düşme dışında başka ne olabilir?

Utanç dediğimiz bir şeyi hissetme kapasitesine sahip olmamız -küçük düşmüş hissetmeye yatkın oluşumuz- utanç hissinin içinde istediğimiz veya hatta ihtiyaç duyduğumuz bir şey veya birçok şey olduğunu gösteriyor olabilir. Utanç, henüz başka bir biçim bulmamış bir şeyi söylemenin bir yoludur; bu da şu anlama gelir ki, utanç belki de hem kendimizde hem de başkalarında yeterli ölçüde reaksiyon verebildiğimiz şeydir. Kendi utancımızdan ve başkalarının utancından dolayı sıkıntı duyabiliriz ama utancı okuyamayız. Utancı cezalandırabiliriz ama kolaylıkla ve ilgi çekici şekilde yorumlayamayız. Başka neler getirebileceğini -nasıl bir bilinmeyen gelecek getirebileceğini- tasavvur edemeyiz. Utanç verici olan, utancın kendisi değil utançla olan bağlantımızdır.

Eğer utancı, ideallerimizin yalnızca belgelenişi olarak değil de aynı zamanda gözler önüne serilişi olarak tanımlasaydık (ve ideallerimize ulaşmak için gösterdiğimiz heves ve becerinin belgesi olarak tanımlasaydık: insanların utanma riskini almak için, utanma fırsatını yakalamak için neler yapabildiklerini görmek dikkat çekici olurdu) veya cezalandırma ve düzeltme gerektiren bir şey olmanın haricinde (bir suçlu bulunma halinden ziyade) bir şeyin peşinde şaşkınlığa uğramış dolayısıyla da şaşırtıcı bir talep olarak tanımlasaydık veya merakın önüne geçen bir şey olarak tanımlasaydık (hatalı bir kesinlik anlayışıyla şaşırtıcı bir deneyimden saklanma hali), bu durumda utanç hakkında konuşurken her zaman var olan utancı en azından bir süre için ortadan kaldırabilirdik. Austen'in *Mansfield Park** kitabında Fanny'yle konuşurken Edmund belki de üstü kapalı olarak bunu söylemektedir: "Birçok hissin bir karışımı -büyük ama kısa bir mücadele- yarı yarıya bir kendimi gerçeklere bırakma isteği, yarı yarıya bir utanç duygusu." Edmund, bu utancın, gerçeklere ulaşma isteğinden ve birçok hissin karışımından bir kaçış olduğunu ve böylece utancın, işleri fazlasıyla basitleştirerek içimizi sardığını ima eder. Bu kısa bir mücadeledir çünkü utanç, içimizi saran daimi bir cazibedir. Utançla ilgili dayanılmaz bir şey vardır. Ve bunun ne olduğu hakkında düşünmeye fazlasıyla değecektir: Utançla ilgili bu kadar cezbedici ve ikna edici olan nedir?

Şu anda Jane Austen'i yalnızca evlenmeyi reddetmiş veya başaramamış biri olarak görmüyoruz, tıpkı romanlarını da yalnızca evliliği (veya evlilik piyasasını) destekleyen ve pohpohlayan anlatımlar olarak düşünmediğimiz gibi. Eğer Miller haklıysa, Austen'in tarzı evlilikle utanç verici bir bağlantıydı ve bu bağlantı, diğer birçok utanç verici bağlantı gibi yeni bir başlangıç potansiyeli taşıyordu. İlk anda utanç olabilecek durum, Austen'in romanlarının garip biçimde genişleyen dünyasına açılıyordu. Utancı stile dönüştürmek, utanca razı olmamaktır.

* Jane Austen, *Mansfield Park*, Çev. Ayşe Belma Dehni, Ayrıntı Yayınları, 2016. (y.h.n.)

II

> Gizli bir yaşam sürmekteki sıkıntı, bu yaşamın büyük sıklıkla onu yaşayan kişiden gizli kalması, hayatındaki insanlar içinse hiç de gizli olmamasıdır.
>
> James Baldwin,
> *Another Country*

James Baldwin'in *Giovanni's Room* adlı kitabında (bu roman da "evlenme mecburiyeti" konusuyla ilişkilidir, evlilik meselesinin gerektirdiği ilgi türü hakkındadır) bir erkek, evlenmek niyetinde olduğu bir "kız arkadaşından" aşama aşama ayrılmaya doğru giden bir sürecin içindeyken homoseksüel arzularını keşfeder veya *yeniden* keşfeder. Kitapta, belki de şaşırtıcı denemeyecek şekilde utanç, bir bakıma gerçekliğin bir göstergesi olarak kullanılır (bu anlayış, belki de Baldwin'in dine bağlı biri olarak yetiştirilişinden kalan bir mirastır). Baldwin'in karakterleri, yaşamlarında en değerli ve en canlı olan şeylere karşı dürüst olmadıklarında utanç duymaktadırlar. Konu utanç duygusuna geldiğinde kitap, tasavvur edebileceğimiz en hoş ahlakçı yapıya bürünür; karakterler bir tür ahlaki pusulaya sahip kişiler olarak ortaya konur, sağlam birer doğruluk ve iyilik anlayışları vardır. Roman bunun dışında karmaşa, şaşkınlık gibi konuları işler ve insanların birbirlerine karşı hislerinden dolayı ne kadar harap olabildiklerini ele alır; kendimizi ve birbirimizi kandırışlarımızın ne kadar rahatsız edici ve dalavereci olabildiğini anlatır. Ama utanç çıkageldiğinde durmamız gereken yeri biliriz. Ahlaki açmazlar ahlaki doğrularla çözülebilirmiş düşüncesi yaratılır. Utanç ortaya çıktığında durmamız gereken yeri ve kim olduğumuzu biliyormuşuz gibidir. Baldwin'in David karakterinin biraz karanlık, zengin ve kendinden yaşlıca bir eşcinsel arkadaşı vardır: Jacques, Paris'teki çevreler içinde kendinden genç, yoksul erkeklerle yaşadığı adı kötüye çıkmış ilişkileriyle tanınmaktadır. Bir akşam David, Jacques'a "Söyle bana" diyordu,

> "senin için gerçekten bundan başka bir yol yok mu? Sonsuza kadar bir ordu genç erkeğin önünde diz çöküp karanlık köşelerde beş kirli dakika geçirmek için mi yaşayacaksın?"
> "Düşün" dedi Jacques, "senin önünde eğilmiş olan erkekleri düşün; sen başka bir şey düşünüp bacaklarının arasındaki karanlıklarda bir şey olmuyormuş gibi yaparken önünde eğilenleri düşün" dedi ve şöyle devam etti: "Benim yaşamımın utanç verici olduğunu düşünüyorsun çünkü ilişkilerim utanç verici. Ve gerçekten de öyleler. Ama niçin utanç verici olduklarını kendine sormalısın."

"Niçin utanç vericiler?" diye sordum.

"Çünkü bu ilişkilerde sevgi yok ve neşe de yok. Bir elektrik fişini çalışmayan bir prize takmak gibi. Dokunma var ama temas yok. Sadece dokunma var, temas yok, ışık da yok."

"Niçin?" diye sordum ona.

"Bu soruyu kendine sormalısın" dedi bana, "ve belki bir gün, bu sabah konuştuklarımızı kötü bir anı olarak hatırlamayı bırakırsın."

Bu pasaja göre Jacques, aşikâr görünen durumun aslında kendini her şeyiyle ortaya koymadığını öne sürerek başlar sözlerine; durum soru sormayı gerektirmiyormuş gibi görünse de aslında içinde bazı soruların saklı olduğunu söylemek ister. David'i, utanç verici eylemlerde neyin utanç verici olduğunu sormaya iter; düşünmesini istemektedir ondan: Eğer bunlar utanç verici eylemlerse, bir ilişkiyi utanç içermez niteliğe ulaştıracak olan şey nedir veya iki anlamlı olabilecek bir ifadeyle "utanmasız" hale getirecek olan nedir? Hayatının elbette utanç verici olduğunu, çünkü ilişkilerinin utanç verici olduğunu söyler; hayat yalnızca bir ilişkiler dizisinden ibaretmiş gibi. "Ama niçin utanç verici olduklarını kendine sormalısın" demektedir. Bir başka deyişle David, bu ilişkileri utanç verici hale getiren şeyin ne olduğunu Jacques'a değil de kendine sormalıdır. Genç erkekler ordusu zorunlu hizmet çağrışımı yapmaktadır ve Jacques da hayatında neyin utanç verici olduğunu bilmektedir, gerçi bu tip şeyleri neyin utanç verici kıldığını o da ancak başkaları kadar bilmektedir. Bununla beraber kendinden utanan her insan gibi, aslında neyin önemli olduğunu tam olarak bilmektedir; utancı, onda ahlaki bir netlik yaratmaktadır (kendini zaman zaman uzak tuttuğu bir ahlaki netliktir bu). Sevgi yoktur, neşe de; dokunma olsa da temas veya ışık yoktur; aydınlanma veya ışık veren bir unsur da yoktur. Sevginin, neşenin, temasın veya ışığın olmayışını hiç kimsenin kutlamayacağı veya desteklemeyeceği konusunda çoğu okur hemfikir olacaktır. Ama şunu da belirtmek gerekir ki, bu durumun içinde insanlar arasında değer gören şeylere ve cinselliğe dair büyük bir hikâye yatmaktadır. Ve bu nokta zaten tartışma götürmeyecektir; halihazırda var olan bir fikir birliği yeniden ortaya çıkarılmıştır. Caryl Phillips'in, Baldwin'in "cüretkâr ikinci romanı" olarak tanımladığı bu kitapta (genç bir siyahi yazar tarafından hiçbir siyahi karakter barındırmayacak şekilde ve tabu konu homoseksüelliği ele alacak şekilde yazılmış bir romandır) hikâyeyi organize eden unsur bir şekilde utanç olmuştur; yazar bunu kısmen utancın gerilimlerine ve ihmaline çağrışımlar yaparak gerçekleştirmiştir.

Bu utanç, belirgin şekilde, Baldwin'in referans yaptığı ırkçılık ve homofobi tarafından beslenen ve kurgulanan utanç değildir, sefilleşmiş insan ilişkilerinin utancıdır. *Giovanni's Room*'da yoksunluk olduğunda utanç vardır: Alçaltıcı duygular yaratan bir yoksunluktur bu; insanları kişisel ve politik olarak olaylarla bağlantılı ve öfkeli hale getirmek yerine küçük düşmüş ve kendinden nefret eden bir duruma sokan bir yoksunluktur. Utanç, Shame'in karakterleri tarafından adaletsizlik olarak hissedilmez, kafa karıştırıcı bir bağlantı eksikliği olarak hissedilir; ilişkilerde sevgi ve neşe yoktur: "Bir elektrik fişini çalışmayan bir prize takmak gibi." Bir dostluk yoktur (bu çağrışım Whitman'ın "I Sing the Body Electric" şiirine yapılan bir gönderme olabilir). Bence romanda bilhassa dokunaklı ve ilgi çekici olan unsur, hikâyeci açısından utancın, diğer tüm biçimlerinin (bunlar birçok farklı şey olabilir, Austen'in deyimiyle "birçok hissin bir karışımıdır") yanı sıra ortak duyguları paylaşabilme eksikliğine atıfta bulunuyor oluşudur; bu paylaşabilme özelliğine Baldwin dost canlısı biçimde sevgi der. Cinselliğe karşı çıkılmazken, içindeki sevgiye direnç gösterilmektedir. Bir yakınlık ve samimiyet ihtimali olduğunda bu kadar yabancılaşmış hissetmek incitici olabilmektedir (Baldwin'in eşcinsel çağdaşı yazar Paul Goodman "Aşkın veya aşkın reddinin olmadığı seks yoktur" demiştir). David bir cinsel çılgınlık hali içine düşmüş olarak Paris sokaklarında dolanırken bir denizci görür:

> Geniş kaldırımda yanımdan geçen kadın veya erkek hiç kimsenin yüzüne bakmaya cesaret edemeden aceleyle yürürken, denizcinin benim savunmasız gözlerimde gıpta ve arzu gördüğünü biliyordum. Bu ifadeyi ben de sık sık Jacques'ın gözlerinde görüyordum ve benim reaksiyonum da denizcininkiyle aynı oluyordu. Ama eğer hâlâ sevgi hissedebiliyor olsaydım ve denizci gözlerimde sevgiyi görmüş olsaydı, yine de faydası olmazdı, çünkü bakmaya mahkûm olduğum erkekler için sevgi, şehvetten çok daha korkutucu bir şeydi.

Savunmasız hale geldiğinizde, utanç bir muhafız gibi çıkar ortaya; ilginizi, kendinize neyi görme iznini vereceğinizi neredeyse bütünüyle yönlendirir ve organize eder. Görmek ve görülmek şeklindeki gizemli oyunda, gıpta ve arzu –"şehvet"– değildir asıl dehşet verici olan; "çok daha korkutucu olan şey" sevgidir. Utanç, paradoksal bir biçimde, ortak duyguların paylaşımının reddedilmesi veya cezalandırılmasıdır; utanç, daima ortak bir kırılganlık olan savunmasızlığın kabul edilmesinin cezalandırılmasıdır. Dolayısıyla utanç yabancılaştırıcıdır ve aynı zamanda bir yabancılaşma tekniğidir. Kendimizden utandığımızda aslında şöyle söylemiş oluruz: "Gerçekte olduğum kişi bu." Aynı zamanda şunu da söyleriz: "Bu ben olamam, olmamalıyım" ve bu durum, tüm ben-öyledeğilim deneyimlerinde olduğu gibi sahipsiz bırakılan, reddedilen bir eğilimdir. Kendinden utanan bir kişi, kendini topluluktan yabancılaştırma eylemi içindeyken o topluluğu onaylamış ve doğrulamış olur: Dikkatimizi yönelttiği şey budur. Baldwin, 1984 yılındaki *Paris Review* dergisi röportajında kendisine "Yazmak istediğiniz şey başından itibaren aklınıza kolayca gelen şeyler miydi?" diye sorulduğunda şöyle yanıt verdi: "Korkunç bir çekingenlikten sıyrılmam gerekti; birilerinden bir şeyler saklayabileceğime dair bir yanılsamadan sıyrılmalıydım." Dolayısıyla utanç duygusunu korkunç bir çekingenlik olarak düşünebiliriz. *Giovanni's Room*'da Baldwin, David'in eşcinsel olmaktan duyduğu utancın, erkeklere karşı sevgi hissetmekten duyduğu utanç olduğunu ima etmektedir, buradaki şehvet ise hem bu sevginin bir detaylandırması hem de sevginin üstünü örten göstermelik hikâye niteliğindedir. Ve sonrasında da, her zaman olduğu gibi, daha ileri bir utanç söz konusudur, kişinin kendisine ve başkalarına yalan söylemesinden doğar, bu örnekte kişinin gönül duygularıyla alakalıdır. David'in evlenecek olduğu kadından –duruma uygun şekilde Hella olarak adlandırılmıştır– son ayrılışında Hella, David'e şöyle söyler: "Aslında biliyordum... biliyordum. Beni bu kadar utandıran da bu. Bana her bakışında bunu biliyordum. Yatağa her gidişimizde biliyordum. Keşke bana daha o zaman gerçeği söyleseydin. Bunu benim keşfetmemi beklemenin ne kadar büyük haksızlık olduğunu görmüyor musun?" Eğer Hella bilinçli olarak kendini kandırmasından dolayı utanç içindeyse, bu durumda kendi hisleri ve algıları hakkında kendine gerçekleri söyleyen biri olmak istiyor veya öyle biri olduğuna inanmak istiyor demektir ve yine bu gerçekleri bilen, anlayan –fark etme kapasitesi olan– biri olmak istiyor demektir. Bu durumda utanç, aynı zamanda kendini kandırmanın da bir işaretidir ve bundan doğan korku da her daim cazip bir baştan çıkarıcıdır: İyi bilinen bir ahlak anlayışının çiğnenmesine veya bununla ilgili bir kafa karışıklığı yaşanmasına davettir. Eğer ne olmak istediğinizi öğrenmek istiyorsanız sizi kendinizden utandıran şeyin ne olduğuna dikkat kesilin. Bu utanç, tabiri caizse ego-idealinizin ilanıdır (tam anlamıyla kim olmak istediğinizi gösterir: Nasıl görünmek istediğinizi gösterir). Ama aynı sebeple, varsayılan bir özbilincin de ilanıdır (kim olduğunu veya kim olmak istediğini bilmeyen biri utanç hissedemez). Hella ya ne hissettiğini (ve algıladığını) bilmektedir ya da bunu hissedebilen (algılayabilen) tipte biri olmak istemektedir. Ve bilmesi halinde de, bilgisine ve bilincine dayanarak hareket edebilen, bunları isteyerek bir kenara itmeyen tipte biri olmak istemektedir.

Psikanalist Charles Rycroft'ın kaleme aldığı ifadelere göre "süperego ile çelişki içinde olan davranış suçluluk duygusu uyandırırken, egoidealiyle çelişki içinde olan davranış utanç yaratır". Hella utanç içindedir çünkü kafasında kendine dair oluşturmuş olduğu ideal resimde hissettiği şeye güvenen biridir. Genel hatlarıyla ifade etmek gerekirse, Freud'un yaklaşımına göre süperego ebeveynlerin koyduğu içselleştirilmiş kuralları temsil eder, ego-ideali de insanın kendine dair içselleştirdiği, olmayı istediği versiyonunu temsil eder: "Laplanche ve Pontalis'in *The Language of Psychoanalysis* adlı çalışmasına göre ego-ideali "kişinin uymaya çalıştığı bir modeldir"; bu da bize bir modele uymaya çalışmanın nasıl bir şey olabileceğini merak ettirir ve bunun bir gelişim tablosu oluşturması üzerinde düşünmemizi sağlar. İtalyan analist Antonino Ferro *Seeds of Illness, Seeds of Recovery* adlı kitabında şöyle yazmıştır: Ego-ideali koruma ve harekete geçirme fonksiyonlarını gerçekleştirir... [ama] aynı zamanda patolojik seviyede zorba olabilir, hiç geri adım atmadan çok yüksek ve erişilmez amaçlara ulaşılmasında ısrar eder... [bu durum] yalnızca hüsrana neden olmakla kalmaz bunun yanı sıra kişinin kendi gözünde değer kaybetmesine yol açar... [durum karakteristik olarak] ılımlı şekilde veya zarar verici taleplerin empoze edilmesiyle fonksiyon gösterir. Yani ego-ideali temelinde bir kafa karışıklığı yaratır. Ego-ideali koruyucu mudur ve en iyi yanlarımızı (kendimizle ve yaşamla ilgili olarak en çok değer verdiğimiz şeyleri) sürdürmemizi mi sağlar yoksa bizi erişilemez ideallerle küçük mü düşürür? Ego-idealinin teşvik ettiği değerler hakkında düşünebiliyor ve konuşabiliyor muyuz, yoksa bir bakıma ideallerimizin büyüsüne kapılıp beynimizi mi yıkıyoruz? Kendimizi başarısızlığa mı kuruyoruz yoksa en iyi yönlerimizi ortaya mı çıkarıyoruz - ve arada bir fark var mı?

Biraz üstünkörü olmakla beraber bu psikanalitik açıklama şunu net bir şekilde ortaya koymaktadır ki, insanın kendine dair olmayı istediği versiyonunu -insanın uymaya çalıştığı kişilik modelini- sorgulaması, kuralları ve ebeveynlerin kurallarını çiğnemekten oldukça farklı olsa da bununla bağlantılı bir projedir. Ve bu sorgulama durumu, romanların başarıyla ele aldığı iki tip kahramana dair iyi bir tanımlama olurdu. *Giovanni's Room*'da Hella ve David kuralları çiğnemek konusunda bir endişe duymamaktadır; onlar kendileri adına en fazla değer verdikleri ideallerini yaşayamamaktan rahatsızlık duymaktadır. Bu arada şunu da belirtmemiz gerekir ki, "kişinin uymaya çalıştığı bir model" olarak tanımlanan ego-ideali, bana göre hem bir model hem de bir uyum fikri içerir ve sonrasında da böylesi modellerin bizden ne tür bir ilgi talep ettiği sorusu doğar (adanmış, şüpheci, mest olmuş ya da ironik bir ilgi?). Benliğin şekillendirilmesi için her ne kadar bilinçdışı olarak da olsa, gerçekleştirilmesi gereken bir tablo, tamamlanması gereken projeler vardır. Dolayısıyla utanç, öne sürdüğüm üzere, benliğin şekillenişinde özdeşleşmenin -bir modele uymaya çalışmanın- gücüne ve tuhaflığına dair şiddetli ve ani sorular doğurur. Bu durum, tanım itibarıyla insanın benliğini daima bir şeylere ulaşmaya çalışır halde, daima öykünme halinde bir varlık olarak tasvir eder, benlik asla tam olarak kendisi olamaz çünkü daima henüz erişilememiş haldedir. Bununla beraber aynı benlik ne olmak istediğini bildiğini öne sürebilir. Utanç, var olduğumuz halimize dair görüşümüz ile olmak istediğimiz kişi arasındaki mesafeyi ölçer -egomuzla ıstırabımızın kaynağı olan ego- idealimiz arasındaki mesafedir bu.

Giovanni's Room adlı roman şunu görmemize yardımcı olmaktadır ki, olmak istediğimiz benlik versiyonunun oldukça bilincinde olsak da (hatta nereden bakılırsa bakılsın başka bir şey düşünmüyor bile olabiliriz), belki de yalnızca utanç, uymaya çalıştığımız modeli bütünüyle ortaya çıkarır (ve yine bu uymaya çalışma durumunun gizemini de utanç ortaya çıkarabilir, benlik adeta uymaya çalıştığımız modelin daha çok veya daha az başarılı taklitlerinden oluşan bir repertuar gibidir). Bilincinde olduğumuz ve olmadığımız modeller arasında bir fark vardır; bilinçli ve bilinçdışı eğilimlerimiz arasındaki farktır bu. Bir başka deyişle, uymaya, erişmeye çalışıp veya isteyip de erişemediğimiz şeyin ne olduğunu fark etmek için bilinçdışı olarak utanç verici deneyimler peşinde koşabiliriz.

Uymaya çalıştığımız bilinçdışı benlik modelimizin açıkça bir tiranlığı söz konusudur ve belki de daha sinsi veya anlaşılması zor bir tiranlıktır bu. Homoseksüel arzularımla uyuşmazlık içinde olan heteroseksüel benlik modelime uymaya çalıştığımın bilincinde olabilirim. Erkeklere sevgi duyabilmeyi istediğimin bilincinde olmayabilirim veya deneyimlediğim şey konusunda kendime ve başkalarına karşı dürüst olmayı istediğimin de bilincinde olmayabilirim. Kendimden bütünüyle utandığımda böyle şeylerin netlik kazanması ihtimali ortaya çıkar. Ama söylediğim gibi utanç, tamamlanmamış bir eylem olma riskini daima taşır; bu tamamlanmamış eylem muhtemelen yeniden algılanan yeni benliğe doğru ilerlemek yerine bilinen ve bir süreliğine yarıda kalmış ideal benliğe doğru geri götürecektir. Herhangi bir şeyle -evlilik, homoseksüellik, para- utanç verici bir ilişki içinde olmak, kişinin uymaya çalıştığı bilinçdışı modelleri üzerinde şaşkınlık içinde veya şaşırtıcı bir yolla çalışmasıdır. Ve bu durum, elbette -en azından aydınlanma niyetinde olana- bir şeyden haberdar olduğunda onu değiştirebilme ihtimalini getirir. Veya daha basitçe, kişi bunun hakkında daha farklı konuşmalar yapma imkânına sahip olur. Utanç, sosyalleşme adına bir çaresizlik olmaktan ziyade bir kafa karıştırıcı olabilir.

Kitabın bir yerinde romanın "kahramanı" Giovanni, David'e döner ve ona bakar: "Gözleri kızarmıştı ve ıslaktı, ama yüzünde tuhaf bir gülümseme vardı, acımasızlık, utanç ve hazdan oluşuyordu." Kitabın yazarı Baldwin bize bu noktada utancın, Austen'in "birçok duygunun bir karışımı" dediği şeyle bağdaştığını ve utancın kendisinin de farklı duygulardan oluşan bir kompozisyon olabileceğini hatırlatır. Kişinin olmak istediği benlik modeline uyma girişimlerine büyük miktarda emek harcanır; işin büyük bölümü de hazırlık (istihzar) sürecidir, cazip figürlerin bulunması ve oluşturulmasıdır.

III

> ... Hayatı hem biyolojik hem de psikolojik olarak tanımlayan unsur, aktarılan bir şey olmasıdır.
>
> J. B. Pontalis,
> "The Birth and Recognition of the Self"

Psikanalitik hikâyede, bir modele uyma girişimimizi şekillendiren, yönlendiren ve deforme eden unsur (kötü şöhretli biçimde) cinselliktir ve kendimiz ve başkaları tarafından nasıl görülmek istediğimize dair soruların içine bizi en yakından sokan unsur da cinselliktir. Bu modeller elbette kültürel olarak aktarılır, dürtülerse biyolojik olarak aktarılır. Dolayısıyla cinsellikle utanç arasında daima kolaylıkla kurulabilecek bir bağlantı vardır. Bununla beraber Freud'a, psikanalizde cinselliğin temel tanımını yapmış olan kişiye döndüğümüzde, utanca dair ilgi çekici olabilecek açıklamaların belirgin eksikliğini görürüz. Sanki utanç, Freud'un da, tıpkı geri kalanımız gibi teorik olarak detaylandırmaya isteksiz olduğu veya olanaksız bulduğu bir alandır, diğer yandan utancın cinsel gelişimdeki önemini Freud da vurgular. Örneğin *Three Essays on the Theory of Sexuality* (Cinsellik Üzerine Üç Makale) adlı kitabında utanca on üç kez referans yapılmıştır, neredeyse hepsi sıklıkla kelimesi kelimesine aynı noktayı tekrarlamaktadır (tekrar, elbette Freud'un bizi ve kendisini uyandırmaya hevesli olduğu bir şeydir: Freud için kısaca şunu söyleyebiliriz ki, tekrar olan yerde bitmemiş veya bitirilemeyen bir iş vardır; utanç daima doğaçlamasız tekrardır; utancın olduğu yerde her zaman travmatik bir şeyler vardır, yani göründüğü kadarıyla dönüştürülemez bir şeyler vardır). Freud *Three Essays* adlı çalışmasında utançla ilgili olarak aynı şeyi söylemekle kalmaz; aynı zamanda söylediği şey sıklıkla psikanalitik klişe durumuna gelmiştir. Buna göre utanç cinselliğe karşı bir savunmadır; kaçamak ve küçük düşürücü arzuları açığa vurur. Ve yaraya tuz basarcasına *Three Essays*'in 1949 basımında James Strachey'nin düştüğü editör notu biz daha Freud'u okumaya başlamadan durumu ele verir. Strachey'nin belirttiğine göre, Freud'un, ilk dönemlerinde meslektaşı Wilhelm Flies'a yazdığı mektuplarda "daha psikolojik bir yaklaşımın ilk işaretlerini (baskılayıcı güçlere, tiksinti, utanç ve ahlaka dair bir tartışma yer alır)" görebiliriz. Bu durumda utanç, Freud'un baskılayıcı güçlerinden biri olarak; ilginç biçimde tiksinti ve ahlakla birlikte kategorize edilmiştir, halbuki bunlar açık şekilde çok farklı üç şey olarak da değerlendirilebilir ve üçü de sadece "baskılayıcı güç" olmaktan ibaret olmayabilir (utanç en temel haliyle ahlak olabilirken en ham haliyle estetiktir). Freud, utancı baskılayıcı güç olarak tanımlayarak ona bir tür aracılık etkisi verir; sanki utancımız bize veya bizim için bir şey yapıyormuş gibidir; bizim adımıza hareket etmektedir. Freud'un ne kastetmiş olabileceğine dair anlam çıkarabilmek için utancı neyle ilişkilendirdiğine bakmak gerekir.

Three Essays'te "Sapkınlıklar" başlıklı bölümde Freud, "utanç, tiksinti, dehşet veya acı dirençlerini başarıyla aşmak konusunda şaşırtıcı derecede ileri giden cinsel içgüdülerden" bahseder ("dışkının yalanması veya ölü bedenlerle ilişkiye girilmesi vakalarını" örnek gösterir); sanki sapkınlık halinde cinsel içgüdü, savunma sistemlerimizin olamadığı şekilde yaratıcı olmak zorundaymış gibidir. "Belli zihinsel güçler" diye devam eder Freud, "direnç olarak işlev gösterir, utanç ve tiksinti bunların en önde gelenleridir"; "en önde gelen", en belirgin ve/veya en etkili anlamındadır. İfadelerinin devamında da histeriklerin, cinsel açıdan aşırı ölçüde baskılanmış kişiler oldukları için (Freud'a göre böyledir), "cinsel güdülere karşı yoğunlaştırılmış bir direnç (bunlarla utanç, tiksinti ve ahlak biçimlerinde tanışmıştık)" gösterdiklerini söyler. Freud, "Cinsel İnhibisyonlar" başlığı altında latensi dönemi dediği ve daha sonraları cinsel dürtünün gidişatına ket vuracak olan, barajlar gibi akışını kısıtlayan zihinsel güçlerin oluşumundan bahseder – "tiksinti, utanç duyguları, ahlaki ve estetik ideallerin yönlendirmeleri", kişinin içgüdüsel yaşamına karşı aktif olarak koruma oluşturacak şekilde yapılanırlar; latensi oluşturulan bir şeydir. Freud daha sonraları "utanç, tiksinti ve ahlaktan", "cinsel aşırılıklara karşı zihinsel barajlar" olarak bahseder; ama bu yapılanmalar, bir bakıma gelişimsel başarılar olarak da görülür. Freud şöyle yazmıştır:

> Küçük çocuklar esasen utanç duygusuna sahip değildir ve ilk yaşlarının bazı dönemlerinde bedenlerini göstermekten, özellikle de cinsel bölgelerini vurgulamaktan belirgin bir tatmin duyarlar. Sapkınca olduğu düşünülen bu eğilimin muadili olacak şekilde başkalarının cinsel bölgelerini görme merakı, çocuklukta muhtemelen bir süre sonrasına kadar ortaya çıkmaz, o zaman da utanç duygusu tarafından oluşturulan engel, halihazırda belli bir gelişim seviyesine ulaşmıştır.

"Eril ve dişi eğilimler çocuklukta halihazırda kolaylıkla fark edilebilir durumdadır" diye devam eder. "Cinsellik inhibisyonlarının (utanç, tiksinti, acıma vb) gelişimi kız çocuklarında erkek çocuklarına göre daha erken ve daha az dirençle gerçekleşir." Ve sonrasında da özet ve sonuç anlamında şöyle yazmıştır: "Cinsel güdünün izlediği yönü kısıtlayan güçler arasında utanç, tiksinti, acıma ve toplumun inşa ettiği ahlak ve otorite yapılarını vurguladık." Freud'un bizleri ısrarcı tekrarların kışkırtmasına karşı uyarmış olduğunu göz önünde bulundurarak tüm bu bir şekilde sıkıcı denebilecek tekrarlardan bir soru sormak adına alıntı yapıyorum. Freud ne diyor ve niçin bunu tekrarlayıp duruyor? Onun bu formülasyonları ne ile utanç verici bir bağlantı oluşturuyor?

Söylediğim gibi, Freud'a göre utanç; tiksinti, acıma, estetik ve ahlaki ideallerle, toplum tarafından inşa edilmiş ahlak ve otorite yapılarıyla birlikte bir kategori içinde yer alır. Utanç da, bu sayılanlar gibi ilginin bir türüdür, aynı anda hem zoraki (istem dışı hissedilir) hem de zorlayıcıdır; bir bakıma bizi, olayları belli bir yolla görmeye iter. Diyebiliriz ki utanç, kendimizi küçük düşürmek istediğimizde kullandığımız ilgi tipidir; ilginin her bir biçimi belli bir tip deneyime ulaşmanın bir yoludur. Tiksinti ve acıma, estetik ve moral değerler; bunların hepsi Freud tarafından "zihinsel güçler" olarak tanımlanmıştır, bunlar cinsel güdüyü ve Freud'un cinsel güdünün akışı ve yönü dediği şeyi engeller, inhibe eder, kısıtlar, ket vurur; cinsellik karşısındaki "dirençlerdir". Freud'un argümanındaki her şey cinselliğe reaksiyon gösterir; her şey arzuyla başa çıkmanın bir yoludur (D.A. Miller'ın ifadesiyle bir başarısızlık veya bir "reddediştir" veya bir tür göz boyamadır). Cinsel açıdan aşırı derecede baskılanmış olanlar, yani histerikler, kendilerini arzudan uzak tutmak için daha fazla inhibisyona, örneğin utanca ihtiyaç duyarlar. Histeriklerin aksine çocuklar "esasen utanç duygusuna sahip değildir", yani bedenlerini, özellikle de cinsel bölgelerini göstermekten zevk alırlar ve başkalarının cinsel bölgelerine karşı da kolaylıkla ve zevk alır şekilde meraklı hale gelebilirler (dolayısıyla utanç, cinselliğin zaruri muhteviyatı olan merakın da bir inhibitörüdür; ilginin önüne geçen bir ilgi türüdür; merakı, hem merakın kendisini hem de meraktan dolayı utanmamıza neden olan şeylerle ilgili merakı sabote eder). Ve erkeklerle kızlar arasında temel olduğu düşünülen farklılıklardan biri de, Freud'a göre çocuklukta gözlemlenebilir durumdadır ve buna göre kızların cinselliği erkeklerinkine göre daha erken ve daha az dirençle inhibe edilir. Cinsellik karşısındaki diğer tüm dirençler gibi utanç da, gelişimsel bir başarı, kültür kazanmanın önkoşulu olarak görülür. Dolayısıyla Freud'a göre utanç, olmaması halinde cinselliğin daha serbestçe ve böylelikle daha düzen bozucu şekilde akmasına neden olacak olan temel "güçlerden" biridir, bunun sonucunda da bireyi ve kültürünü tehlikeye sokacaktır. Bazı insanların bakış açısına göre cinsellik, tıpkı suyun baraja ihtiyaç duyduğu gibi utanca ihtiyaç duyar. Utanma duygusunun kazanılamaması halinde, bedenlerimizi, dolayısıyla cinsel bölgelerimizi teşhir etmeye devam edeceğimiz ve başkalarınınkini de (veya başkalarını da diyebiliriz) tüm kalbimizle merak edeceğimiz ima edilmiş olur. Veya en azından bunları kesinlikle cezbedici buluyor olacaktık. Peki, bunun sonu hangi noktada gelebilir?

Biraz daha farklı şekilde ifade edecek olursak, yasak eylemlerin doğurabileceği sonuçların önüne geçmek –veya bilhassa bu sonuçların tasavvur edilmesinin önüne geçmek– utancın fonksiyonlarından biri olabilir. Utanç, düşünmemizin, hayal etmemizin, sohbet etmemizin önüne set çeker. Ve bu durum elbette, kişinin bakış açısına bağlı olarak, kötü bir şey de olmayabilir. Örneğin utancın olmadığı bir dünyada şu anda olduğundan daha bile fazla zorbalık, hatta daha fazla tehdit olabilir. Farklı bir şekilde ifade etmek gerekirse, kendinizi daha fazla cinsellik isteyen biri olarak düşünüyorsanız, daha fazlasını istediğiniz şey tam olarak nedir? Freud bu formülasyonlarda bizi üstü kapalı olarak daha az engellenmiş bir cinsel yaşamın neye benzeyebileceğini tasavvur etmeye ve tanımlamaya davet eder. Ve bunu ifade ediş şekli de, utancın, arzumuz açısından en azından bir anahtar veya bir ipucu olduğuna işaret eder; utanç, yakınlarımızda bizi zorlayan ama yasak bir arzu olduğunda veya bu arzu uzaklaştırılmaya çalışıldığında hissetmeye yakın olduğumuz şeydir; ortaya koyduğumuz dirençtir, oluşturduğumuz barajdır, desteklediğimiz ahlaki veya estetik idealdir. Bu hikâyede arzularımızı, yalnızca bu arzulara karşı gösterdiğimiz dirençlerin şifrelerini çözerek kavrayabiliriz. Cinsellik, zapt etmek adına bu kadar incelikli kültürel çalışma gerektirdiğine göre şeytani bir şey olmalıdır. Utanç ne kadar büyük olursa, arzuyu ortadan kaldırma baskısı da o kadar büyük olur. Ve elbette kadınlar, Freud'un kadınlarla ilgili olarak buradaki açıklamaları göz önünde bulundurulduğunda, daha seksüeldir ve dolayısıyla da utanç duymak adına erkeklerden daha fazla şeye sahiptir (erkeklerin utancı kadınlara havale edilir) veya elbette daha medeni, daha gelişmiş olmaları gerekir (erkeklerin kendilerine yönelik tutkuları kadınlara havale edilir). Ortada başka hiçbir şey olmasa bile, utançla kadın düşmanlığı arasındaki bağlantı bizi düşünmeye sevk etmelidir; erkeklerin kendilerini rahatsız eden yönlerini kadınlara atfetme şekilleri ve sonrasında da kadınları bu yüzden cezalandırmaya kalkmaları üzerinde düşünülmelidir. Erkeklerin kadınlardan istedikleri ve kadınlar hakkında inanmaya ihtiyaç duydukları şeyler kendi başlarına utanç kaynağı teşkil eder.

Şu noktayı belirtmekte yarar olduğunu düşünüyorum ki Freud, utancı bu kadar kesin biçimde ahlaki ve estetik ideallerle ve otoriteye ait yapılarla birlikte kategorize ederek, üstü kapalı olarak utancın bir karmaşıklığı -otoriteye veya estetiğe ait yapıların karmaşıklığı gibi- olduğunu söylemektedir, bu karmaşıklık neticesinde de utanç deneyimi bizi üzerinde düşünmekten caydırabilir. Ve eğer utanç ahlaki ve estetik değerlerle ve otoriteye ait yapılarla akraba ise, bu durumda utanç insanların oluşturduğu bir şeydir ve dolayısıyla belki de ortadan kaldırılabilir veya yeniden oluşturulabilir. Bununla beraber eğer utanç tiksinti veya acıma ile akraba ise kolaylıkla doğal bir unsur olduğunu, bizim tarafımızdan oluşturulan bir şey olmaktan ziyade bizim bir parçamız olduğunu söyleyebiliriz (inançlarımızı değiştirerek ilgimizi değiştiririz). Freud'un utançla ilgili olarak imkân verdiği şey de tam olarak bu belirsizlikler ve kelime oyunlarıdır. Ama bir sonuca varmak adına belki şunu da belirtmek gerekir ki, utancın kendisi de ilginin bir türünün sonucudur; tabiri caizse, cinsel arzumuza ne tür bir ilgi gösterdiğimizin kanıtıdır. Utancın olduğu yerde bir şeyi çok net görmüşüz veya gördüğümüzü farz etmişiz gibidir; Freud'un anlatımına göre cinselliğin ne olduğunu bildiğimiz için utancın ne olduğunu açıklayabilirmişiz gibi görünmektedir, tabii otoriteyi, ahlakı, estetiği ve acımayı da bu açıklamaya katabileceğimizi söylemeye gerek bile yok. Utanç aracılığıyla en kabul edilemez arzularımıza ilgi gösteririz, ilgi göstermek zorunda kalırız. Ve küçük düşüşümüzle de başkalarının ilgisini bu arzularımızın üzerine çekeriz; "başkaları benim her şeyimi, içimden geçen her şeyi görür". Ama biz bu arzuların ne olduğunu biliriz; karşımızda neyin olduğunu ve bir şeye karşı mücadele içinde olduğunu biliriz. Utanmış insan diğer insanlara kendisinin ve onların neden utandıklarını hatırlatır; onlara halihazırda bildikleri şeyi hatırlatır. Ve bu anlamda utanç kabul edilemez arzuyu bir geri dönüşüme sokar – belki de üzerinde yeniden düşünülmek üzere. Bu durumda insanın kendinden utanması demek, en büyük sevgi testi demektir, ama başkalarının sevgisinin olduğu kadar kişinin kendi sevgisinin de test edilmesidir.

E.R. Dodds, muhteşem kitabı *The Greeks and the Irrational*'da "utanç kültürüne özgü sosyal uyum özelliğinin baskısı ile kişisel dürtüler arasındaki gerilimden" bahseder. Dodds, antropolog Ruth Benedict'in suçluluk duygusu kültürleri ve utanç kültürleri arasında yaptığı ayrımdan yola çıkarak utanç kültürü anlayışını detaylandırır. Şöyle yazmıştır: "Böylesi bir toplumda, bir insanı hemcinslerinin aşağılamasına veya alayına maruz bırakan, 'itibarını yitirmesine' neden olan her şey dayanılmaz bir hal alır." Freud'un ifadelerine göre de utanç, cinselliğin neden olduğu itibar kaybıdır; bizi kendimizin ve başkalarının aşağılamasına ve alayına maruz bırakan şey cinselliktir, yani arzumuz ve başkalarına duyduğumuz arzularımızdır (bir bakıma, nereye bakacağımızı ve nasıl bakacağımızı yönlendiren unsur utançtır). Ama belki de aynı sebepten, Freud'un cinsellik açıklaması -paradoksal biçimde- Freud'un merakla olan utanç verici bağlantısını ortaya koymaktadır veya hatta cinselliğin ta kendisiyle bağlantısını ortaya koymaktadır, zaten Freud'a göre cinsellik merakın kaynağı ve amacıdır. Nihayetinde Freud bizi, gayet net şekilde, kendimizi arzumuzdan korumak şeklindeki yaşam boyu sürecek ödevimiz konusunda uyarmıştır. (Lacan da Freud'u yeniden açımlayarak, ünlü ifadesiyle şunu söyler: "İnsanın projesi, arzusundan kaçmaktır.") Dolayısıyla yazmış olduğu metne göre Freud'un kendisi de, bu projeden kolay kolay muaf olamayacaktır. Kendinizi cinselliğe karşı koruyabilmek içinse, cinselliğin ne olduğunu bilmeniz -veya bildiğinize inanıyor olmanız- gerekir. Benim düşünceme göre Freud, cinsellikle ilgili engin bilgisiyle utanç verici bir bağlantı içindeydi: Tıpkı herkes gibi o da cinsellik konusunda saf olmaktan çekiniyor olmalıydı. Büyük psikanaliz eserinde saklamak ve ifşa etmek istediği buydu. Meslektaşlarının aşağılama ve alayından korkmuştur; cinsellik etrafındaki ve hakkındaki merakının ve cehaletinin ortaya çıkmasından korkmuştur. Ve haklıydı da: Psikanalizle ilgili tartışmaları yaratan unsur cinsellik olacaktı. Cinselliğin hazzı ve dehşeti itibar kaybetmek açısından süregiden bir risk ve ihtimal yaratır. Cinsellik, yanlış tipte bir ilgi gösterme ve gösterilmesi riski de taşır; yanlış tipte ilgi isteme ihtimali de doğurur. Utanç, kaybetmememiz gereken itibarın tiranlığını ifşa eder.

İlgideki Boşluklar

I

... gözlemlenmek, ilgi görmek; sempatiyle, memnuniyet ve takdirle farkına varılmak.

Adam Smith,
*The Theory of Moral Sentiments**

Freud 1920 yılında *The Psychopathology of Everyday Life*** adlı kitabının "Symptomatic and Chance Actions" (Semptomatik ve Şansına Eylemler) başlıklı bölümüne *Tristram Shandy**** adlı romandan bir pasaj

---

* Adam Smith, *Ahlaki Duygular Kuramı*, Çev. Derman Kızılay, Pinhan Yayıncılık, 2018. (y.h.n.)

** Sigmund Freud, *Günlük Yaşamın Psikopatolojisi*, Çev. Şemsa Yeğin, Payel Yayınları, 2003. (y.h.n.)

*** Laurence Sterne, *Tristram Shandy Beyefendi'nin Hayatı ve Görüşleri*, Çev. Nuran Yavuz, Yapı Kredi Yayınları, 2022. (y.h.n.)

eklemiştir. Kitabında yer alan böylesi birçok referanstan birinde de şöyle yazmıştır: "Semptomatik eylemler konusunda da psikanalitik gözlem, yaratıcı yazarlara haklarını teslim etmelidir. Çünkü onların uzun zaman önce söylediği şeyleri tekrarlayabilmektedir yalnızca." Eğer psikanaliz yalnızca yaratıcı yazarların uzun zaman önce söylediği şeyleri tekrarlayabiliyorsa, bu durumda bir bakıma bazı dersler hiç alınmamış demektir, bizlerin yeterince dikkatli okurlar olmadığımızı veya yaratıcı yazarların kışkırtmalarına karşı yok yere direnç sergilediğimizi gösterir. Freud'un ifadesine göre psikanalitik gözlem yaratıcı yazarların gözlemlerine haklarını teslim etmelidir. Freud'u bu noktada ve *Günlük Yaşamın Psikopatolojisi* adlı kitabının tamamı boyunca harekete geçiren unsur, ilginin niteliği ve tekrar etme gereksinimidir; bunun yanı sıra ilgi ve tekrar arasındaki bağlantılardır. Kitabın alt başlığı -*On Forgetfulness, Slips of the Tongue, Inadvertent Actions, Superstitions and Mistakes* [Unutkanlık, Dil Sürçmeleri, Yanlışlıkla Gerçekleştirilen Eylemler, Batıl İnançlar ve Hatalar]- dikkatsizlik ve getirdiği hoşnutsuzlukların bir kataloğudur adeta.

Freud, giriş bölümünün ardından Sterne'in romanından (*Tristram Shandy* adlı romandan) "ilgisini çektiğini" söylediği bir pasaj aktarır. Pasajda Tristram'ın babası şöyle söylemektedir:

> "Nenizili Gregor'un, Julian'ın düşüncesiz ve uygunsuz hareketlerini gözlemlemesinin ardından onun bir gün mürtet olacağını öngörmesine hiç de şaşırmadım; veya Aziz Ambrose'un Amanuensis'i, bir harman döveni gibi ileri geri sallanan kafasının nahoş bir hareketinden dolayı kapılardan kovması hayret verici değildi; veya Demokritos'un, bir demeti bağlarken küçük ince dalları içe doğru ittiğini gördüğünde Protagoras'ı bir âlim olarak düşünmesi de hiç şaşırtıcı değildi. Keskin bakan

gözleri bir insanın ruhuna doğru bir anda götürüveren binlerce fark edilmemiş kanal vardır" diye devam etti babam ve "Ben şunu savunurum" diye ekledi: "sağduyulu bir insan bir odaya girerken şapkasını çıkarıp bırakmaz - veya odadan çıkarken almaz, ama yine de onu keşfetmemizi sağlayan bir şeyleri ele vermiş olur."

Burada Freud'un ilgisini çekmiş olan ve şu anda da bizim ilgimizi yöneltmemizi istediği nokta, belli bir tip ilgi göstermeye dair Sterne'in yaptığı açıklamadır: "Keskin bakan gözleri bir insanın ruhuna doğru bir anda götürüveren binlerce fark edilmemiş kanal vardır." Ve benzer şekilde, ilgisizlik halinde veya bu tarz bir ilgi gösterilmemesi durumunda neler kaçırılacağına, günlük yaşamdaki fark edemeyişlerin sonuçlarına ilgimizi çeker. Ancak keskin bakan gözler olmadan kanallar da olmaz; Sterne'in belirgin şekilde cinsel çağrışımlı anlatımında* böylesi kanalların önkoşulu keskin bakan gözlerdir. Ve Freud'un kitabı da psikanalistin yeni keskin bakan gözünden -ve kulağından- gelen bir anlatımdır. Geriye dönüp baktığımızda şunu söyleyebiliriz ki Freud hastalarının yeni bir tür ilgi arayışında olduğunu, ilgisizlikleri için yeni bir tür ilgi aradıklarını fark etmişti. Eğer Freud'un inanmaya başlamış olduğu gibi psikanalitik tedavinin değerine ve etkinliğine inandıysanız, bu durumda Freud'un hastalarının semptomlarının, hedefine ulaşmamış kışkırtmalar olduğunu söyleyebilirdiniz ve bu semptomlar (bilinçdışı şekilde) farklı tip bir doktoru işaret ediyordu. Ve göreceğimiz üzere bu yeni doktor (psikanalist), ilgisinin ve ilgisizliğinin niteliğiyle tanımlanıyordu.

---

* Sterne, "keskin bakan göz" anlamını vermek üzere "penetrating eye" kelimesini kullanmıştır; penetrate kelimesi cinsel ilişkideki penetrasyon çağrışımı yapar. (ç.n.)

Freud, bu ilk dönem formatif kitaplarında (örneğin cinsellik hakkında makaleleri, espri hakkındaki kitabı, *Rüyaların Yorumu* ve *Günlük Yaşamın Psikopatolojisi*) yeni bir tür ilgi olarak ele aldığı psikanalitik ilgiyi tanımlar; bilinçdışı motivasyona dair faydalı tanımlara ve anlatımlara hizmet eden yorumlayıcı bir ilgidir bu. Ama Freud'un Tristram Shandy'yi kullanışında ilgi çekici olabilecek ve Freud'un da yorum yapmamış olduğu (Sterne'den alıntı yaptığında hiç yorum katmamıştır, bir bakıma Sterne'in kelimeleri kendi kendini anlatmaktadır) bir diğer nokta da şudur ki; Sterne'in örnekleri geleceği tahmin etmekle ilgiliyken, Freud'un *Günlük Yaşamın Psikopatolojisi*'nde verdiği örnekler geçmişi tahmin etmekle ilgilidir; kişinin şimdiki yaşamında da aktif halde bulunmaya devam eden geçmiş arzularının varsayımsal tanımlarıdır. Sürçmeler tamamlanmamış kışkırtmalardır. Freud'un yeni bilimi bir insanın geleceğine dair tahmini iddialarda bulunmamaktadır ya da çok az bulunmaktadır. Psikanalitik tedavi, evrimleşme halindeki belli kabullerin tahmin edilemez sonuçları hakkındadır. Psikanalizin ortaya çıkarabileceği şey, hastanın arzularının doğasıdır, bu da kısmen hastanın arzularının geçmişidir. Bu arzulara gösterilen psikanalitik ilgi tanım itibarıyla hastanın geleceğine dair herhangi bir şey ortaya koyamaz.

Freud'dan farklı diyemeyeceğimiz bir yaklaşımla Tristram'ın babası, bir insanın kendisine dair belirgin bir şeyler ortaya koymadığı neredeyse hiçbir hareketinin olmadığını söyler – "sağduyulu bir insan bir odaya girerken şapkasını çıkarıp bırakmaz veya odadan çıkarken almaz, ama yine de onu keşfetmemizi sağlayan bir şeyleri ele vermiş olur". Sağduyulu bir insandan bahseder çünkü (metnin yazıldığı on sekizinci yüzyılda yaşayan) mantıklı yaratıklar olarak insanların yaptığı şeyler bir anlam taşır ve her ne kadar gardımızı almış olsak bile, "kendimizi keşfettiren", kendimizi açığa vuran bir şeyler ele veririz; bir bakıma, istesek de istemesek de kendimize dair bir şeyleri bilinir hale getiririz, kendimizi ele veririz. Bu kendimizi ele veriş halimiz bir anlam oluşturma durumudur; bundan bir anlam çıkarılabilir ve bir anlam taşıyabilir. İlgisizliğimiz ilgiyi çağırır. Dolayısıyla her zaman, farkında olduğumuzdan veya bilmek istediğimizden daha toplumsal, daha iletişime açık ve başkalarıyla potansiyel olarak daha fazla bağlantı halindeyiz. Freud'un semptomatik eylemler dediği unsurlar (bunların birçoğu elbette açık biçimde dikkatsizlik hali eylemleridir, örneğin dil sürçmeleri ve gaflar gibi) dünyaya sunulan bir tür sevgi testi olabilir; ilginin ve etkileşimin testidir (semptomatik eylemler bir bakıma espri gibidir, insanlar bunları anlar veya anlamaz; dikkatsizlik eylemleri bir bakıma ilgiye kur yapmaktadır: Bu eylemlerin kendileri kışkırtmadır). Dolayısıyla Freud şu soruyu sorar: Bu semptomatik eylemler dediğimiz eylemler belli bir tip ilgiyi kışkırtmak adına (bilinçdışı) girişimler midir, yoksa belli bir tip ilgi mi bunları semptomatik eylemler haline getirir? Semptomatik eylemler her ne kadar bilinçdışı da olsa kasıtlı kışkırtmalar mıdır, yoksa belli bir tip ilgi mi onları kışkırtma haline dönüştürür? Kışkırtma ne zaman bakanın gözlerindedir ve ne zaman bakanın gözlerini ortaya çıkarır? Freud insanların yaptığı hatalarla ve insanların yaptıklarıyla ne yapılabileceğiyle ilgilenir. Şurası açık ki, bir gazete satın alırken yaşanan dil sürçmesiyle insanın analisti karşısında yaptığı dil sürçmesi arasında fark vardır. Ve "sağduyulu insan" ifadesi de, elbette on sekizinci yüzyılda bugün taşıdığından veya taşıyabileceğinden farklı bir anlam içeriyordu.

Bu konu üzerinde düşünmenin bir yolu, ilgi gösterilmeyen semptomatik eylemlere -büyük çoğunluğu oluşturur- ne olduğu sorusudur. Sterne'in diliyle ifade etmek gerekirse, bir insanı keşfetmemizi sağlayan bir şeyler ele verilirse ve kimse bunu fark etmezse, o zaman ne olur? Buna verilecek pragmatik yanıt, semptomatik eylemlerin bunu yapmaya devam edeceği veya birilerinin fark etmesi ümidiyle bunu yapmanın yeni yollarını bulacağı şeklindedir. Yıldırıcı yanıt ise bir espri sizi eğlendirmiyorsa eğlendirmeyecektir demektedir. Freud'un anlatımına göre, fark etmeye bir imtiyaz tanınmasının, fark edişin bizi nereye vardıracağı varsayımı hakkında çok fazla veya yeterince fazla şey söylemediğini belirtmek önemlidir; belli bir tip ilgiye dayanan bir fark ediştir bu. İçgüdülerimizin -varsayımsal ihtiyaçlarımız ve isteklerimiz- altında fark etme ihtiyacının yattığına, hatta fark etme ihtiyacının içgüdülerimizin önkoşulu olduğuna inanmak kolaydır. Kimsenin fark edemediği ihtiyaçlar insana işkencedir; hedefe ulaşmayan kışkırtmalardır. Ama Freud şunu da ekler (ve sadece Freud değildir bunu söyleyen): İlgisizliklerimizin fark edilmesini isteriz ve ilgisizliğin kendisi de fark edilmeyi istemenin bir yoludur. İlgisizlik -her çocuğun ve ebeveynin bildiği gibi- kendince bir kışkırtmadır. Eğer Freud bir pragmatist olsaydı, ilgisizliğin kullanım şekilleriyle ilgilendiğini söyleyebilirdik.

Sanat tarihi profesörü ve eleştirmen Jonathan Crary, *Suspensions of Perception* [Algının Askıya Alınması] adlı çalışmasında şöyle yazmıştır: "Batı modernitesi, on dokuzuncu yüzyıldan beri, bireylerin kendilerini 'ilgi gösterme' kapasiteleri açısından tanımlayıp şekillendirmelerini istemiştir, yani görsel veya işitsel, daha geniş bir ilgi alanından uzaklaşıp kısıtlı sayıda uyarıcıya odaklanmalarını veya bunları izole etmelerini talep etmiştir." İlgi, kaçınılmaz şekilde seçicidir, bu seçicilik de ilgisizlik tarafından mümkün hale getirilebilir; Crary'nin üstü kapalı olarak ifade ettiği üzere, aynı yaklaşımla şunu da söyleyebiliriz ki, bireyler kendilerini ilgi göstermeyi başaramadıkları veya ilgi göstermeyi reddettikleri şeylerle de tanımlamış olurlar. Ve Freud'un da ilgisizliğin sebeplerine dair (ilgisizliğin olduğu kadar kışkırtmaların da sebeplerine dair) işaret ettiği soru budur: bu ilgisizliklerin reddediş mi yoksa yetersizlik mi olduğu (veya hatta kışkırtma mı olduğu) ve ne ölçüde bunlardan biri olduğu ve ayrıca bu ilgisizliklerin neyin hizmetinde olduğu sorusu. Eğer Carry'nin ifadeleriyle "bir öznenin ilgi kapasitesi açısından tanımlanışı, disipliner yükümlülüklere uyma kapasitesi olmayan bir özneyi ortaya koymuş oluyorsa", bu durumda imkânsız seviyede bir ilgi kapasitesinin niçin talep edildiğini ve ilginin uyum göstermekle ne ilişkisi olduğunu sorgular halde buluruz kendimizi. Carry'nin disipliner yükümlülüklere uyan "ilgi kapasitesi" dediği unsur daima bir özcülük empozesi içerir. Varsayımsal olarak kim olduğumuza bağlı olarak, ilgi ve katılım göstermemiz gereken bir şeyler vardır.

Freud'un gitgide özcü hale gelen bakış açısında uygarlığın huzursuzlukları vardır çünkü uygarlık yanlış şeylere ilgi göstermemize neden olur ve doğru şeylere –içgüdüsel yaşamımıza– ilgi gösterdiğimizde de hazzımızı artırabiliriz ama bunu yaparken sıkıntılarımızı da artırırız. Ama *Civilization and Discontents** adlı kitabındaki ebedi hayal kırıklıklarından önceki dönemde –ve adanmış bir özcüye dönüşme sürecinde olduğu dönemde– genç Freud'un sorusu şuydu: İlgisizliğin önkoşulları nelerdir? Ve sonrasında da şunu sordu: İlgisizlik ne sonuçlar doğurur? İlgi-

---

* Sigmund Freud, *Uygarlığın Huzursuzluğu*, Çev. Haluk Barışcan, Metis Yayınları, 2019. (y.h.n.)

sizliğin bizi götürebileceği yerlerden biri psikanalizdir. Freud'un üzerinde çalışacağı konu da ilgisizliğin kışkırtmalarıydı – hastalarının ilgisizliği onda ne tür bir ilgi uyandırıyordu? Psikanaliz, daha sonra göreceğimiz gibi, ilgisizliğe bir ilgi ve adanmışlık besleyen bir dil olacaktı ve ilgisizliğe gösterebileceğimiz ilgi ve ilgisizlik türünü ortaya koymaya çalışacaktı. Ama ilgisizliğin kullanım şekillerini tanımlamanın daha eski ve yol gösterici yolları için ilk olarak Tristram Shandy'ye geri dönmek istiyorum (Samuel Johnson'ın çağdaş dönem fablı *The History of Rasselas* aracılığıyla); ayrıca bu yollar, Britanya psikanaliz camiasında Middle or Independent olarak anılan grubun bir üyesi olan Marion Milner'ın çalışmalarında da bilerek veya bilmeyerek su yüzüne çıkmıştır.

II

> Tuhaf – Dikkat edilmeyen; genel tanıma dahil edilmeyen; önemsenmeyen... Garip; açıklanamayan; fantastik... kendine özgü... Şanssız... Alışılmadık; görünüm olarak uygunsuz...
>
> Samuel Johnson,
> *A Dictionary of the English Language*
> (İngilizce Sözlük)

Samuel Johnson'ın *The History of Rasselas, Prince of Abyssinia** adlı kitabı "geniş ve bereketli" bir vadide yer alan bir sarayın tasviriyle başlar; bu sarayda impara-

* Samuel Johnson, *Habeşistan Prensi Rasselas'ın Öyküsü*, Çev. Ayşegül Pomakoğlu, Maya Kitap, 2016. (y.h.n.)

torun çocukları "hükümdarlık sırası" kendilerine gelene kadar ikamet etmektedir. Saray pastoral bir rüya gibi tasvir edilir, burada "doğanın tüm nimetleri toplanmış, tüm kötülükleri damıtılıp uzaklaştırılmıştır". Bir tür on sekizinci yüzyıl oryantalist kapalı topluluğu olarak bu saray, herhangi bir meydan okuma veya tehdit olmaksızın huzurun, sükûnetin ve güzelliğin toplandığı bir yerdir. İmparator da yılda bir kez çocuklarını ziyarete gelmektedir ve sekiz günlük ziyareti esnasında "vadide yaşayan herkes bu inziva sürecini keyifli hale getirebilecek bir katkı sunabilmek için elinden geleni yapmak durumundadır, böylece ilgi boşlukları doldurulabilmekte ve zamanın sıkıcılığı azaltılabilmektedir. Tüm istekler hemen karşılanmaktadır. Tüm sanatçılar şenliği neşelendirmek için göreve çağrılmaktadır".

Vadide aslında her şeyin yolunda gitmediği anlaşılıyordu. Zamanın sıkıcılığını azaltma ihtiyacı hissedildiğine göre bir şeyler eksik olmalıydı. Bu kadar önemli görünen bu sıkıcılık azaltma işleminden alınacak ders ne olabilir? Sanatçıların işi halledeceği ümit edilmektedir ama imparator her sene geri dönecek ve bu dert yeniden ortaya çıkacaktır. Asla bitmeyecektir. Hikâyenin başında Johnson'ın bizi bu kadar anlamlı biçimde uyardığı nokta da, fazlasıyla iyi organize olmuş bir ortamda görünürde tatmin içinde yaşamanın tehlikesidir; varsayımsal tercih ve ideallerimizle birlikte içine gömüldüğümüz bazı toplum mühendisliği versiyonlarının dehşetidir bu. Özellikle Mutlu Vadi olarak adlandırılmış olan bu diyarda eksik olan şey arzulamanın yarattığı gerilimdir; neyin eksik olduğu ve neyin özlenebileceğini düşünme özgürlüğüdür. Veya Johnson'ın öne sürdüğü üzere, daha çağdaş bir lügatte, aslında yanlış bir düşünceyle, eğlencenin, arzunun önüne geçmek için kullanılabileceği düşüncesidir. Kitapta "Onun

Hiçbir Şey İstemeyen İstekleri" başlıklı bölümde Prens Rasselas şöyle söyler: "Zaten fazlasıyla keyif aldım; bana arzulayacağım bir şey verin." Johnson'ın bu ahlaki hikâyede düşünmemizi istediği şey tatminin arzuyu sabote etme yollarıdır; bunu da ilgi ve ilgi boşluklarıyla ilişkilendirir; modern dilde psikanaliz olarak adlandırdığımız disiplinde bizim yaptığımız gibi. Çok fazla şey ilgimizin nerede olduğuna bağlıdır. Eğer kültürel aktarım denen şey, diğer özelliklerinin yanı sıra ilginin organize edilmesi anlamına geliyorsa -veya ilginin yanı sıra arzunun da organize edilmesi anlamına geliyorsa- bu durumda, Johnson'ın üstü kapalı olarak anlattığı üzere, ilgi göstermemiz gereken şeyle kendimizi ilgilenmek ister halde bulduğumuz şey arasında bir gerilim oluşur. Bizim bu örnekte bir imparatorumuz, âlimlerimiz ve ilgi boşluklarımız için yardımcı olacak sanatçılarımız var (Johnson -bir sözlük yazmış olan yegâne büyük yazardır ve dolayısıyla da kullandığı sözcüklere eşsiz bir ilgi uyandırmış ve ilgiyi adeta kışkırtmıştır- boş kelimesini "boşluk" olarak tanımlamasının yanı sıra "serbest, engelsiz"; "düşüncesiz, düşünce yoksunu" ve "serbest zaman hali" olarak da tanımlar).

Rasselas, Mutlu Vadi'den ayrılmak zorunda kalır. "İnsanların yaşayışına dair biraz bilgi edinmeye karar verdi." Mutlu Vadi'de bulamadığı veya öğrenemediği bir şeydi bu. Johnson'ın ifadelerine göre, Rasselas'ı dışarı çıkaran unsur prensin "merakıydı", "bu merak, dur durak bilmez bir sorgulama kaynağıydı"; belli bir bilgi tipi için duyduğu arzuydu (başka insanlara, Mutlu Vadi'nin yabancılarına dair bilgi) ve böylesi bir bilginin neden istendiğine dair bir soruydu bu. Özgürlük veya daha ziyade değişim, ilgide kayma olarak açıklanmıştır ve ilgi boşlukları da değişimin önkoşulu durumundadır. Dolayısıyla Johnson, sistemlerin veya rejimlerin veya sözcüklerin, ilgi boşluklarının önüne geçmek için kullandığı yollara karşı tetikte olmamız gerektiğini söyler üstü kapalı olarak; ayrıca yaratmak niyetinde oldukları ilgi boyutu türlerine karşı da uyarır.

"İlgi boşlukları", ilgi göstermeye değer bir ifadedir; özellikle de serbest, meşgaleyle yüklenmemiş zamanda farklı tip bir yerde olduğumuz anlamını taşır. Böylesi boşluklarda önemli kavrayışlar gerçekleşebilir, bilgideki boşluklar aydınlatıcı veya ilham verici veya şaşırtıcı olabilir, başka arzular görünür halde süzülmeye başlayabilir. İlgi boşluklarımızı doldururken ne yaptığımızı düşünür hale geliriz ve eğer doldurulmayı veya boşaltılmayı gerektiriyorsa ilginin ne olabileceğini veya nasıl bir şey olabileceğini –nasıl tasavvur ettiğimizi– düşündürür. Ve Johnson'ın sözlüğünde tanımladığı üzere eğer doldurmak, "dolu hale getirmek, meşgul etmek, kullanmak" ise, bu durumda boş durumdaki veya meşgul olmayan veya kullanılmayan ilgi nedir? İlgi boşluklarımızda, eğer bir şey yapıyorsak, ne yapıyoruz? Bunlar elbette daha sonraları psikanalitik sorgulamaya ilham veren soruların aynılarıdır. Ama Johnson burada bir bakıma, ilgi yerinde olmadığında nerede veya ne olduğunu sorgulamaktadır veya daha pragmatik şekilde, ilgiyi organize edecek, odaklanmasına yetecek bir şey olmadığında ilgiye (Johnson ilgiyi arzu olarak adlandırır) ne olduğunu düşünmektedir.

İlgi yokluğunu (namevcut olabilecek veya kendini namevcut hale getirebilecek bir şey olarak ilgiyi) tasavvur etmeye çağrıldığımızda, ilginin kendisi de daha kafa karıştırıcı hale gelir. İlgi boşlukları, bir bakıma birden fazla boşluk olduğu anlamını taşır ve hatta ilgimizin kontrolümüz dışında olabileceğini veya kontrol kelimesinin, ilgimiz hakkında kullanıldığında çoğu zaman olduğu üzere, yanlış kelime olabileceğini düşündürür. *Rasselas'ın*

Öyküsü'nün başındaki sahte iyimserlik, imparatorun gelişiyle birlikte bu ilgi boşluklarının doldurulabileceği düşüncesidir. Ama ortaya çıktığı üzere, bu işi yapabilecek olan yegâne unsur Rasselas'ın "merak"ıdır. Johnson, sözlüğünde bir merak eylemini "hoş bir deney" olarak tanımlar; Johnson'ın ifadelerine göre meraklı olmak, "tam, hoş, incelikli olana karşı ilgili olmaktır". İlgi boşlukları vardır ve bu boşlukların bizi götürebileceği hoş bir deneyim olan merak vardır.

İlgi göstermek, diye yazmıştır Johnson, "zihni bir yere yönlendirmek, sabitlemektir [*fix upon*]"; burada *fix* kelimesinin iki anlamı da devreye girer; yani bir yandan zihnin tamir ve organize olduğu anlamı vardır, diğer yandan da dışsal bir unsura konsantre olmak suretiyle sakinleştirilip yatıştırıldığı anlamı çıkar. Sonrasında da "ilgi göstermek (*attend*)" kelimesinin bir şekilde tamamlayıcı olan diğer anlamı vardır: "bir ast veya bir hizmetkâr olarak eşlik etmek, ilgilenmek". Johnson'a göre daima sabitlenmeme, demir atmama riski taşıyan zihnin bir hizmetkâr gibi hizmet ettiği efendisi dış dünyaya bağlıdır; bu dünya Tanrı'nın yarattığı dünyadır ve zihin buna ilgi göstermelidir. Dış dünya zihnimizi sağlıklı tutar; iç dünya ise Johnson'a göre çılgınlığa düşme potansiyelini taşır. Johnson, içine kapanmış zihnin tiranlığından korkmaktadır, dolayısıyla ilgi, insanın her zaman gözünü üzerinde tutması gereken bir şeydir (sözlüğünde "eşlik eden kimse (*attender*)" kelimesini "refakatçi" veya "yoldaş" olarak tanımlar).

Eleştirmen Christian Thorne, zamanın sıkıcılığını azaltmak için Johnson'ın ilgi boşluklarını doldurmasını, Sterne'in *Tristram Shandy* adlı kitabındaki *gözde konu* [kişinin takıntılı şekilde tekrar tekrar bahsettiği konu] anlayışıyla ilişkilendirir. Bu, kullanışlı bir bağlantıdır çünkü farklı ilgi halleri konusuyla Sterne de çağdaşı Johnson kadar meşgul olmuştur; ilgimizin objesini ve niteliğini yeni bir biçimde seçebildiğimiz ve seçemediğimiz yöntemlerle ilgilenmişlerdir; bu yaklaşım hem modern hem de kışkırtıcı bir düşünce konusudur. "Ara söz", eleştirmen Mat Bevis'in ifade etmiş olduğu gibi, "Tristram'ın meşhur hareketidir ve kitaba da can veren unsurdur": "İlgisizlik ve dikkat dağılması için kullanılabilecek bir başka kelimedir bu." Sterne'in Toby Amca ve savaşıp yara aldığı bir savaşla ilgili absürt ve ilginç takıntısı –"Toby amcamın Namur Kuşatması'nda kasıklarından aldığı yara"– geleneksel gözde konu anlayışını ve kışkırtıcı geçmişini ünlü yapmıştır. Gözde konu olayının aynı anda hem kendi kendini tedavi hem de bir yaranın ve bir savaşın sonucu olması tesadüf değildir. Tanım itibarıyla gözde konu, anlatıcısının ilgisini organize eder ve emer. Şurası açık ki, Sterne'e göre gözde konu olayının tamamı, ilgi göstermekle ilgili sorular doğurur. Ve elbette, neyin gözde konu olup neyin olamayacağı arasındaki farkı söyleyebilme yetimiz hakkında da sorular ortaya çıkarır.

1760 yılı ocak ayında yazdığı bir mektupta Sterne, gözde konulara ilişkin bölünmüş ve bölücü sorunun peşinden gider, yani bir insanın, ilgisinin yapısına bakılarak nasıl tanımlanabileceğini sorgular: "Bir insana yön veren tutkular ve yüreğinin dalgalanmaları o kişinin karakterini gösteren ve farklı kılan unsurlardır; insanın gözde konusunun belirlenmesinde beynin bir faktör olmadığını düşünüyorum." "Bana bir insanın ilgisini neyin çektiğini ve emdiğini söyleyin, size onun kim olduğunu söyleyeyim" ifadesi aynı şeyi söylemenin başka bir yolu olabilirdi ama Sterne'in tarzında olmazdı ("gözde konunun belirlenmesinde beynin faktör olmayışı" ifadesini de kayda almak gerekir). Sterne'in kitaplarının günümüzdeki editörü Melvyn New, Sterne'in bir insanın karakterinin gözde konusuna dair yaklaşımını, Sterne'in söylevlerinden bir pasajla açıklar. Sterne, Herod hakkında yazdığı bölümde, karakteri anlamak için "karaktere yön veren başlıca tutkunun ayırdına varmamız ve bunu karakterin diğer parçalarından ayırmamız gerekir" demektedir. Şöyle devam eder: "Kendimizi genellikle tutarsız varlıklar olarak görürüz, halbuki tutarsız olmaktan çok uzaktayızdır, çünkü üzerimize geçirdiğimiz tüm o farklı şekiller ve çelişkili görünümler aslında bize hükmetmekte olan aynı iştahı doyurmaya yönelik çok sayıda farklı girişimden ibarettir." Burada Sterne'in önerdiği karakter tutarlılığı tamamen ilginin sabit ve süreklilik arz eden biçimleriyle alakalıdır: Bize hükmetmekte olan o aynı iştahtır bunlara yön veren (bize yön veren tutkular ve fazlasıyla odaklanmış olsa da yüreğin dalgalanmaları). Sterne'in önermesine göre dikkatimiz dağılmış değildir, yalnızca dikkatimiz dağılmış gibi görünürüz. İlgisizliğimizin bile izlediği bir metot vardır. İlgi boşlukları, başka bir yerlere emilmiş olmaktır, şehvet ve eğlence kadar kararlı ve yoğundur ki aslında bunlar da göründükleri kadar birbirlerinden farklı olmayabilir. Kendimize karşı bölünmüş durumda değiliz, düşündüğümüzden çok daha fazla tek parça halindeyiz. Hiçbir şekilde merkezden uzaklaşmış değiliz; sadece tekrarlanan ve tekrarlanmış yer değiştirmeler halindeyiz. İlgimiz yalnızca aynı şeyin daha fazlasına yönelir.

Sterne, değerli sayılsın veya sayılmasın "bize hükmeden o aynı iştah" dediği şeye karşı halihazırda ilgiyle dolmuş olduğumuzu öne sürer. O zaman hangi anlamda ilgi göstermeyi seçeriz veya seçebiliriz? Johnson'ın *Rasselas'ın Öyküsü*'ndeki sorusu, Sterne'in *Tristram Shandy*'deki sorusu gibi, şöyledir: İlgimizi neye göstermeliyiz ve ilgimizi neye gösteririz? Ama Sterne'in bir sonraki sorusu da şöyledir: Böylesi soruları ne kadar ciddiyetle ele almalıyız ve alabiliriz? Bir bilgelik parodisi ve haz sanatlarının şüpheci bir kutlaması niteliğinde bir kitap olan *Tristram Shandy*, Tristram'ın bize söylediği gibi, "bir Horoz'la bir Boğa'nın hikâyesidir". Kitabın sonunda şu meşhur cümleler yer alır: "–Tanrım, dedi annem, tüm bu hikâye ne anlatıyor? –BİR HOROZ ve bir Boğa, dedi Yorick – Ve türünün, bugüne kadarki en iyi örneklerinden biri"; Sterne'in editörünün kelimeleriyle bu tür, "herhangi bir yönü olmayan, başıboş, avare, sıklıkla inanılmaz bir hikâyedir" (aslında bir serbest çağrışımdır). Sterne, hangi hikâyelerin –ve belki de bilhassa karakter, ilgi ve bize hükmeden iştah hakkındaki özcü hikâyelerin– horoz ve boğa hikâyeleri *olmadığını* düşünmemize neden olur (bir başka deyişle belli bir tutarlılığı, akla yakınlığı ve amacı olmayan hikâyeler horoz ve boğa hikâyeleridir). Tristram Shandy gibi horoz ve boğa hikâyeleri ilgimizi emer ve Sterne, bunun amaçlanan bir şey mi yoksa problem mi olduğunu düşünmemizi ister. İnsanların kendi gözde konularına gösterdikleri ilgiye ilgi gösterdiğimizde ne yapmış oluruz?

Gözde konu –bazı açılardan zihnin sapkın halleri denen durumun belli psikanalitik açıklamalarına yakındır– zamanın durmasını ümit eden emilim anlamına gelir; gelişimin veya ilginin tutuklu kalmasının bir biçimidir; gelecekten kaçınıp bir yere sığınmaktır. Sterne'in kullandığı bir diğer nokta da yoksunlukla ilgi arasındaki bu bağlantıdır (Johnson buna "ilgi boşlukları" demektedir). Bir bakıma yoksunluğun kendisi ilgimizi tetikleyebilir –hem zorlar hem de sabitler– ve böylece ilgimize ilgi göstermemizi sağlayabilir. İlgi, arzumuzun biçimi ve aracı haline gelir; bu arzu da bir şeylerin eksikliğinin hissedilmesiyle tetiklenir. Hissettiğimiz yokluklarımıza ilgi gösteririz.

Sterne, *Tristram Shandy*'nin 6. kitabında yazmak ve ilgi konusuna geri döner ve bir kez daha, Johnson'da olduğu gibi, kullandığı dil ilginç şekilde boşluk ve doluluk, iştah ve yoksunluk dilidir. Sterne bize, Tristram'ın "yarısı tok, diğer yarısı açken" yazdığını söyler; "veya tamamen tokken yazıp açken düzelttiğini; veya açken yazıp tokken düzelttiğini" söyler. "Tokken yazdığımda" der bize, "dünyanın dertlerinden ve dehşetlerinden bağımsız yazıyorum –yaralarımın kaç tane olduğunu saymıyorum– zihnim aldığım yaraları tarih sırasına koymak için karanlık ve ücra köşelere de gitmiyor... Ama açken yazdığımda, işte o zaman bambaşka bir hikâye çıkıyor ortaya –dünyaya tüm muhtemel ilgiyi ve saygıyı gösteriyorum– ve açlık devam ettiği sürece, kontrollü ve ketum olmak gibi basit sayılan bir erdemden herkesten fazla pay alıyorum."

Tokken, tasasız ve korkusuzdur; açken ise ortaya "bambaşka bir hikâye" çıkmaktadır, belki de Tristram bambaşka bir hikâye yaşamaktadır; aldığı yaraları sayar, yaralarını tarih sırasına koymak ya da açıklamak için karanlık ve ücra köşelere gider. Ve bu durumu dünyaya tüm muhtemel ilgiyi ve saygıyı göstermek olarak adlandırır; tokken yazdığında bunu başaramamaktadır. Açlık –yoksunluk– dünyaya karşı ilgi ve saygı yaratmaktadır ve bu durumda ilgi gösterilen şey de yaralar, tasalar ve korkulardır. Bununla beraber Sterne'in bu yaklaşımındaki dikkat çekici nokta, yazarkenki bu iki halden herhangi birine öncelik vermemesidir; ikisine de ihtiyaç duyar. Onun işine yarayan şey tasasızlık ve dehşete kapılmışlıktan oluşan bir kombinasyondur: "İkisinin karışımıyla umarsızca bir tür ölçülü, anlamsız, mizahi yönü olan bir Shandy kitabı yazabiliyorum, yüreğinize –ve anlamanız halinde–

zihninize iyi gelecek bir kitap bu." Bununla beraber, yazımda gereken şey, "dünyaya tüm muhtemel ilgiyi ve saygıyı gösterirken" bir yandan da bunu yapmamaktır; dolayısıyla ilginin yanında ilgisizlik de değer görür. Buna karşın gözde konu açısından dünyaya tüm muhtemel ilgiyi ve saygıyı göstermeye pek yer yoktur. Sterne, fazlasıyla aşina olduğumuz "ilgi göstermek (İngilizcede ilgi göstermek anlamındaki '*pay attention*' ifadesi ödemek anlamındaki *pay* fiilini içerir)" ifadesini kullanarak, ilginin bize bir şeye mal olduğunu hatırlatır, içinde yaşadığımız para kültüründe ilgiyi parayla ilişkilendirmeye yatkın olduğumuzu, dolayısıyla da yatırım ve getirisi, kâr ve zarar, kazanç ve kayıp üzerinden düşündüğümüzü hatırlatır. Aynı yaklaşımla, ilgi, gösterilen veya verilen bir şey olmasaydı nasıl bir şey olurdu diye düşünebiliriz; bir şey için verilen, bir bedelle verilen bir şey olmasaydı, bir tür yatırım olmasaydı nasıl bir şey olurdu diye düşünebiliriz. Mesela ilgi daha ziyade sevgi, arzu veya aşk gibi bir şey olsaydı, nasıl olurdu?

Sterne'e göre ilgili, dehşete kapılmış, yaralı ve açıklayıcı benlik, ilgisiz, tasasız, hatta umursamaz ve hayalci korkusuz benlikten daha gerçek veya daha kayda değer değildir. İkisine de ilgi göstermemizi ister, süreç içerisinde saygısızlık gösterilen her ne olursa olsun. Sterne'in ima ettiğine göre biri olmadan diğeri, endişe dolu, ölçüsüz, anlamlı, mizahtan yoksun bir anti-Shandy kitabı veya gözde konusu ortaya çıkardı. Ne aç ne de tok benlik diğerinden bir sapma veya kaçıştır; birbirlerinden ayrılamazlar ve birbirlerine can verirler.

Sterne bizi, ilginin, ilgi sapmalarının ve ilgi dağılmasının hem birbirinden ayrılmaz hem de birbirine can verici olduğuna ikna etmek istemektedir. Ancak Thorne'un bize hatırlattığı üzere gözde uğraşlar (hobiler ve gözde konular, geleneksel olarak, Sterne'in "divertissement (örneğin bir oyunun veya müzik dinletisinin perde aralarındaki küçük eğlence)" olarak adlandırdığı şekilde tanımlanır, boş zamanı olanların, Mutlu Vadilerin sakinlerinin eğlenceleri ve ilgi sapmalarıdır ve bu da elbette seküler ve dini ahlakçıların geleneksel temasıdır. İlgi göstermemiz ve göstermememiz gereken şeyler vardır. Sterne vasıtasıyla şunu biliyoruz ki, tok ve aç benlikler gibi yaralar ve gözde konular da bir şekilde bir arada yol alıyor. Ve Johnson vasıtasıyla da ilgi boşluklarının huzursuzluk emareleri olduğunu biliyoruz. Ahlak bütünüyle, nereye ve nasıl ilgi gösterileceğini bilmeye bağlıdır. Ve ahlaka ilgi göstermek de daima ilgiye ilgi göstermektir. Örneğin günümüz psikanaliz dilinde ilgiyi organize eden ve daraltan -daraltarak organize eden- unsurun travma olduğu düşüncesinden daha önce söz etmiştik (yaralar ve gözde konular birlikte yol alır, tıpkı yaralar ve ilgi boşlukları gibi). Ve bu ahlak -gözde uğraşlar, gözde konular ve cinsel sapkınlıklar denen durumlar gibi- travma karşısında kendi kendine tedavi olarak tanımlanabilir, içinde bulunduğumuz durum yalnızca arzu duyan yaratıklar olmamızdan kaynaklanan bir travma olsa bile.

Rasselas'ın Öyküsü'nde Johnson, ilgimiz dağıldığında zamanın sıkıcılığının hem baskısı hem de etkisi altına girdiğimizi söyler. Kendimizi dikkat dağıtıcılarla oyalamaya çalıştığımızda -kendimizi meşgul etmeye çalıştığımızda- sıkılırız. İlgi bizi besler; dikkat dağınıklığı ise bizi tüketir. İlgi zamana değerini geri kazandırır. Zamanı, yaşamaya ve geçirmeye değer hale getirir. İyi ilgi iyi yaşam getirir. Bu yaklaşım, deneyim denen şeye yaptığı çağrışımla açıkça göstermektedir ki, Sterne bizi bir şeye karşı uyarır: "Tanımlamak, güven duymamaktır." Sterne, *Tristram Shandy*'de ilgi ve ilgi dağınıklığı arasındaki -toklukla açlık arasındaki- farkı söyleyebildiğimizi ifade etmiştir, ama bu fark yalnızca, farkın varlığı sayesinde mümkün hale gelen kombinasyonlar nedeniyle önem arz eder. Tanımlamak, güven duymamak olabilir belki ama aynı zamanda kombinasyonu da mümkün kılmaktır. Aramamız gereken şey -Sterne'e göre- (olumsuz) ilgi dağınıklığının (olumlu) ilgiye dönüştürülmesi değildir, aramamız gereken bu ikisi arasındaki yakınlaşmalardır. Sterne yalnızca ilgisizlikle işbirliği yapan ilgiyi destekler. Aralarındaki farkın önem arz etmesi de bu sebeptendir.

Dolayısıyla ilgisizliği desteklediğinizde ve desteklerseniz, neyi desteklemiş olursunuz? Rasselas'a göre Mutlu Vadi'deki ilgi boşlukları bir ihtiyacın, değişimin önkoşulunun işaretiydi. İlgi boşlukları ve bunların doğurduğu sıkıcı zaman, Rasselas'ın merakına ve Mutlu Vadi'den kaçışına ilham vermişti, böylece başka insanlara dair bilgi sahibi olmak adına bir arayışa girebilecekti. Tristram'ın yazımının önkoşulları -"umarsızca bir tür ölçülü, anlamsız, mizahi yönü olan bir Shandy kitabı" yazmak için gerekli önkoşullar- dünyaya tüm muhtemel ilgi ve saygıyı gösterip bir yandan da göstermemektir. Dolayısıyla Johnson ve Sterne, kendilerine özgü farklı yollarla ilgi kaybını ve bu kayba ilgi gösterişimizi desteklerler. İlgi boşluklarımızın yarattığı kışkırtmayı görmemizi isterler.

III

İnsanın eğitim alma talebini sonlandırmasına sebep olacak harika bir genelleme.

Henry Adams,
The Education of Henry Adams

Rasselas'ın Öyküsü'nü ve *Tristram Shandy*'yi, ilgisizliğin kullanım şekillerinden bahsedebilmek için kullandım. Ama eleştirmen David Bartholomae'nin ifadesiyle "burada düşünce tarihi yazmak veya etkili bir hikâye anlatmak peşinde değilim. Daha ziyade bir dizi ortak kaygının izini sürmek istiyorum; tuhaf, derin ve kalıcı sözcüklerle aktarılan kaygıların peşindeyim". Sterne ve Johnson'dan Freud'a ve sonrasında da Britanya Middle Group psikanaliz camiasının bazı temel kafa karışıklıklarına doğru bir çizgi çekilebileceğini göstermek istiyorum (gerçi söylediğim gibi, bu çizgi illa düz ve kabul edilen bir etkide olmak zorunda değil) ve bu çizginin bilhassa Marion Milner'ın "dar" ve "geniş açılı" ilgi dediği konuya uzanabileceğini düşünüyorum. Bunu ortaya koymanın bir yolu şu ki, Freud psikanalizi, ilgisizlik üzerine kurulu yeni bir tür tedavi (hem doktor hem de hasta için yeni) olarak tanımlamıştır; geleneksel anlamda bir konsantrasyon sağlamamak fikri üzerine kurulmuş bir tedaviydi. İlgisizliğin engel değil araç olarak görüldüğü bir tedaviydi. Bu tedavide psikanalist, serbestçe süzülen (veya "neredeyse havada asılı kalan") bir ilgiyle dinleyen bir doktor konumundaydı; "[hastanın] söylemlerinin hiçbir tarafına özel, *apriori* bir önem vermemeliydi" ve psikanalist bu şekilde, daha önce görülmemiş tipte, serbest çağrışım yapan, kelimelerine dikkat göstermeden konuşmaya davet edilmiş hastasını dinliyordu. Hasta, bir hikâye oluşturmadan veya söylediklerinin anlamına bakmadan konuşmaya davet ediliyordu; kelimelerini mümkün olduğunca seçmeden konuşması, "aklına gelen şeylerin hiçbirini seçmemesi ve es geçmemesi" isteniyordu. Freud bir bakıma yalnızca ilgisizlik hallerinde belli kışkırtmaların işlerlik gösterdiğini söylemiş oluyordu, yani bilinçdışı arzuların kışkırtmalarından bahsediyordu. Freud, "Recommendations to Physicians Practising Psycho-Analysis [Psikanaliz Uygulayan Doktorlara Tavsiyeler]" adlı makalesinde şöyle yazmıştır:

> Hasta, kendi kendini gözlemleyerek saptayabildiği her şeyi nakletmek ve kendisini bunların arasından bir seçim yapmaya iten tüm mantıklı ve etkili itirazları bastırmak zorundadır; doktor da kendisine yorumlaması için söylenen her şeyden faydalanmayı bilmeli ve hastanın feragat etmiş olduğu seçimin yerine kendisine ait bir sansür anlayışı getirmeden saklı kalmış bilinçdışı materyali fark edebilmelidir.

Burada yanlış tipte ilgi -hem analistin hem de hastanın askıya almaları gereken ilgi- ilgiyi sansürlemektedir. Freud, ilginin, temelde olmasa bile öncelikle halihazırda bütünüyle sansürlenmiş (veya daha yumuşak bir ifadeyle seçici) olduğunu öne sürer. Bu yaklaşıma göre bakmak, görmemizi engellemenin bir yoludur; konuşmak, söylememizi engellemenin bir yoludur; dinlemek, kendimizi duymamızı engellemenin bir yoludur. İlgi göstermek dediğimiz şeyin gerekçeli bir dışlama süreci olduğunu söyler; buna göre görme ihtimalimiz olan şeyin önünü keser ve kendimizce şekillendiririz. Bu ilgi değerlendirir, yasaklar ve önüne geçer; ama bunu genellikle bizim bile henüz haberimiz olmadan bilinçdışı olarak yapar. Psikanaliz, ilginin es geçmek istediği ve istemediği şeylerin izini sürer. Freud, sansürün kalkması halinde neye ve nasıl ilgi göstereceğimizi merak etmektedir. Ve bu da, paradoksal olarak, ilgi göstermeyi bıraktığımızda neye ilgi gösterebileceğimizi düşünmek anlamına gelir.

İlgimiz dediğimiz şeyin üzerinde ayarlar yapılmıştır. Freud aynı makalede şöyle söyler:

> Dolayısıyla istemli gösterilen ilginin uygulanışının ayrılmaz bir parçası olan bir tehlikeden kaçınmamız gerekir. Çünkü bir insan istemli olarak ilgisini belli ölçüde konsantre ettiğinde, önündeki materyalden bir şeyler seçmeye başlar; kafasında bir unsur özel bir netlikle belirlenmiş olacaktır, buna karşılık başka unsurlar ise göz ardı edilecektir ve kişi, bu seçimi yaparken beklentilerinin veya eğilimlerinin peşinden gitmiş olacaktır. Ama işte bu, tam da yapılmaması gereken şeydir. Eğer kişi, seçimi yaparken beklentilerinin peşinden gidiyorsa, halihazırda bildiği şey dışında herhangi bir şey bulamamak tehlikesiyle karşı karşıyadır ve eğer eğilimlerinin peşinden giderse algılayabileceği şeyi kesinlikle çarpıtacaktır. Şu unutulmamalıdır ki, kişinin duyduğu şeyler çoğunlukla anlamı yalnızca sonradan çıkarılan şeylerdir.

Freud'un bu yaklaşımı Sufilerin "Öğrenme, dinle" deyişinin farklı bir versiyonudur. Eğer istemli olarak ilgimizi konsantre edersek, keşfedeceğimiz tek şey kendi beklentilerimiz, varsayımlarımız, önkabullerimiz ve eğilimlerimiz olur; bunlar zaten bildiğimiz şeylerdir. Bilgimiz dediğimiz şey bütünüyle varsayımlardan, önkabullerden ve tercihlerden oluşur. Freud iki reçete önerir: İstemli konsantrasyonu ve ilgiyi askıya alın ve anlamın ortaya çıkmasının zaman almasına izin verin. Yani hemen yargılara varmayın veya varsayımlarınızdan başka bir şey bildiğinizi düşünmeyin. Belli bir tip ilgisizlik doğru tip ilgililiğe götürür.

Sterne, *Tristram Shandy*'de "Tanımlamak güven duymamaktır" diye yazdığında kime veya neye güven duymamız gerektiği, dolayısıyla da neye ilgi göstermemiz gerektiği üzerinde düşünmemizi istemiştir. Johnson ise kendi tanımlar sözlüğünde tanımlamak kelimesi için şu karşılıkları bulmuştur: "çerçevesini çizmek; sınırlarını koymak; sınırlamak... tespit etmek; karar vermek; hüküm vermek." Çerçevesi çizilmiş, sınırları koyulmuş, belirlenmiş, karar verilmiş, hükmü verilmiş ilgi, içgüdüsel yaşamın topyekûn düzensizliğiyle çekişme içinde olduğundan elbette Freud'un ego projesine dahildir. Freud'un yaklaşımında bu durum egonun, az ya da çok ümitsiz bir halde peşinde koştuğu şeydir; ego, bilinçdışı arzuya bunu yapmaya çalışır (esasen bilinçdışı arzuyu horoz ve boğa hikâyelerinin yazarı yapan da budur). Ve bunu da belirgin ilgi boşluklarını ve darlıklarını bulup çıkararak yapar. Freud'un yaklaşımında, arzunun olduğu yerde daima ilgi vardır ve ilginin de daima boşlukları vardır. Arzunun olduğu yerde tanımlama, güvensizliğin veya sınırlamanın veya güvence yaratmaya çalışmanın işini yapar. Psikanalitik açıklamaya göre ilgi bir ödündür ve bu ödünü verirken de kirli çamaşırları ortaya çıkarır.

Ancak psikanalistin problemi, neyi aradığını halihazırda biliyor olduğu hissiyle ilişkilidir. Yani bir özcülük yaklaşımı olarak psikanalizin, psikanalitik metodun çözmeye çalıştığı problemin bir parçası haline geldiğini Freud'un biliyor olması muhtemeldi; gerçi elbette bu durumu bu şekilde ifade etmezdi (Freud, erkeğin -ve belli ölçüde kadının- ne olduğunu bildiğini düşünüyordu ve dolayısıyla da neye ilgi göstereceğimizi bildiğini düşünüyordu). Nihayetinde psikanalistin, kendi özel hayatındaki beklentileri ve eğilimleri ne olursa olsun psikanalist olarak kendine özgü beklentileri ve eğilimleri vardır. Freudcu analist birincil süreç düşünme, içgüdüsel dürtü temsilleri, ensest arzular, duygu çelişkileri ve bağlılıkla ilgili çelişkiler bulmayı bekler; Freud'un söylediği gibi, "halihazırda bildiği şeyden başka herhangi bir şey bulamama tehlikesi içindedir" (bu kadar kolay karikatürize edilmesinin sebebi de budur). Analist, Freud'un bildiği gibi, halihazırda çok şey bilmektedir ve halihazırda biliyor olmak hakkında da çok şey bilmektedir. Psikanalistin yola çıktığı özcülük göz önünde bulundurulduğunda, yaptığı çalışma ne kadar sürpriz içerebilir ki? Ve çoğunlukla anlam ancak sonradan çıkarılabiliyorsa, bir kalemde ve bütün olarak mı anlaşılır yoksa aşama aşama ilerleyen ve gelişen bir yolla mı anlaşılır? Anlamın ortaya çıkması ne kadar zaman alır?

Analist, hastası konuşurken istemli olarak konsantre olmayı bırakmalıdır ve anlamın ortaya çıkması için belirli olmayan bir süre beklemelidir; bu anlam, analistin kendi teorik ışığı altında, tahmin edilemez güncel deneyimlerin yardımıyla her zaman evrimleşiyor olacaktır. Freud'un anlattığı durum, ne istediğimizi, ne aradığımızı bildiğimizde gösterdiğimiz tipteki ilgiyle, ne istediğimizi veya ne aradığımızı önceden bilmezken, yalnızca bir isteme ve arama halindeyken, dolayısıyla ne istediğimizi keşfetme süreci içindeyken gösterdiğimiz ilgi arasındaki farktır.

İlgi hem bir enstrüman hem de bir ortam olabilir. Birinci tip ilgi kararlı, azimli ve aşağı yukarı kendinden emin bir ilgidir (ve psikanalizde "huysuz haletiruhiye" olarak adlandırılabilir); ikinci tür ise daha kayıp ve belirsiz bir haldedir, kararsız ve uçucudur. Dolayısıyla Freud'u şöyle okuyabiliriz, psikanalizi kurarken enstrümantal ilgiyi askıya almak istediğini biliyordu, ama ne arıyor olabileceğini tam olarak bilmemeyi –veya eldeki terimlerle formüle edememeyi– çok da kabullenemiyordu; fark edilebilir bir arzu objesi olmadan arzu duymayı kabul edemiyordu. Bir başka deyişle, Freud'un yaklaşımını yeni bir ilgi objesine, yani içgüdüsel yaşama ilgi göstermenin yeni bir yolunu bulmaya çalışmak olarak tanımlayabiliriz; ama aynı zamanda ve daha radikal bir ifadeyle, tanımlanamayan bir ilgi objesine ilgi göstermenin yeni bir yolunu oluşturmaya çalışmak olarak da tanımlayabiliriz ve bunu yaparken de psikanalistin zihninde hiçbir belirli veya belirleyici amaç olmamalıdır. Hastalarını tedavi etmek isteyen bir Freud vardır, bir de hastalarıyla birlikte bir şeyleri sorgulamak isteyen bir Freud vardır. İlgisinin amacını ve nesnelerini bilen bir Freud vardır, bir de bilmeyen bir Freud vardır. Psikanalizi cinsel sapkınlığa akraba gören Freud vardır, bir de psikanalizi cinsel sapkınlığa alternatif gören bir Freud vardır. Tüm bu Freud'lara göre, ilgiyle ilgisizliğin revize edilmesi ve yeniden tanımlanması gerekliydi.

Neye ilgi göstermemiz gerektiğini bilen bir Freud vardı, bir de neye ilgi göstermemiz gerektiğini bilmenin, ilgi göstermemenin bir yolu olduğunu bilen bir Freud vardı. Bir özcü olarak Freud bizi etkin şekilde, kendi zihnindeki insana dönüştürmeye çalışıyordu. Anti-özcü Freud'un ise –tüm anti-özcüler gibi– bizi dönüştürebileceği hiçbir şey yoktu. Ya da belki de, bizi dönüştürmek isteyenlerin şüphe duyacağı birine dönüştürebilirdi sadece. (Ve bizi dönüştürmeye çalışanlar, neye ilgi göstermemiz gerektiğini daima bilirler ve genellikle de bu ilgiyi nasıl göstermemiz gerektiğini de tam olarak bilmektedirler.)

Dolayısıyla Marion Milner, psikanalist olmadan önce, ilk kitabı *A Life of One's Own*'da* dar ve geniş açılı ilgiden bahsederken, bir anlamda Freud'un *bıraktığı yerden* devam etmiş oluyordu (kendisi bunun bilincinde olabilir veya olmayabilir) veya Freud'un *başladığı yerden* devam etmişti diyebiliriz. Milner, kendine ait bir hayat dediği şeyi bulmak ve oluşturmak için giriştiği deneyin bir parçası olarak, geniş ve dar açılı olmak üzere iki tip ilgi şeklinde ifade ettiği ilgiye gereksinim duyduğunu fark etti (belki şunu da aklımızda tutmamız iyi olur: İngilizcede "geniş" kelimesi argoda "düzenbaz" ve "ahlaksız" anlamına gelirken "dar" kelimesi "mutaassıp" anlamına gelir). Milner şöyle yazmıştır:

"İlk algı olan dar ilgi, otomatik gibi görünür, zihnim kendi haline bırakıldığında günlük olaylara gösterdiği ilgi tipidir bu... İlginizi çeken her ne varsa, kişisel arzularınıza hizmet etmeye uygun görünen her ne varsa ona otomatik olarak ilgi gösterirsiniz; ama bana bununla ilgili en önemli unsur olarak görünen kısmından herhangi bir yerde bahsedildiğini hiç görmedim, şöyle ki, bu tip bir ilginin dar bir odağı var, bu yolla anlık çıkarlarına hizmet eden şeyleri seçip geri kalanı göz ardı ediyor. Görebildiğim kadarıyla dar ilgi av peşindeki bir canavar gibi... Bu yaklaşım belki gündelik yaşam için gerekliydi, bu yüzden biyolojik açıdan insan zihninde doğal olarak beliren ilgi tipi olması gerektiğini düşündüm."

---

* Marion Milner, *Kendine Ait Bir Hayat*, Çev. Aslı Biçen, Metis Yayınları, 2019. (y.h.n.)

"Biyolojik açıdan" insan zihninde doğal olarak beliren "av peşindeki bir canavar" olarak dar ilgi, Milner'ın Darwinci açıklamasında adaptasyon avantajlarına sahiptir; "anlık çıkarlara" hizmet eder, belli ki bunların ne olduğunu bilmektedir, çünkü bunlar dışında kalan her şeyi göz ardı edebilmektedir, dar bir odağı vardır (Freud'un analistleri uyardığı beklentiler ve eğilimler gibi); Milner'ın ilgilendiği ise daha geniş çaplı odaklanmadır; bu ilgi, adaptasyonun hizmetinde olabilir veya olmayabilir.

Milner'ın "ikinci algılama yolu" olan geniş çaplı ilgi hiçbir şey istememekle alakalıdır; istemenin, deneyimin önüne geçtiğini keşfetmiş olması dolayısıyla hiçbir şey istememekle alakalıdır. Bu isteme hali, isteyebileceğiniz bir şeyin keşfini engelleyebilir. Bu iki tip ilgi iki tip kışkırtma getirir: aradığımızı bildiğimiz kışkırtmalar ve var olduğu bilinmeyen kışkırtmalar. (Bir keresinde Winnicott'un belirttiği gibi, psikanalizin amacı hastaların kendilerini şaşırtmalarına imkân vermektir.) Bu anlamda, dar ilgi özcülere göredir; kim olduklarını bildikleri için ne istediğini bilen insanlar içindir. "Aşama aşama fark ettim ki" diye yazmıştır Milner, "beklenti insanın görme gücünün karşısında bir engel olabiliyor... Özellikle de duygu ortamında aktif hale geliyor", diğer yandan geniş açılı ilgi

> göründüğü kadarıyla avlanma yönelimi tasmasında tutulduğunda ortaya çıkıyordu. Sonrasında da, kişi hiçbir şey istemediği için bir şeyin yerine diğerini seçme ihtiyacı olmuyordu, dolayısıyla da bir anda bütüne bakmak mümkün oluyordu. Bir şeye ilgi göstermek ama ondan hiçbir şey istememek; göründüğü kadarıyla ikinci algılama yönteminin özünde bunlar vardı. Sıradan hallerde, herhangi bir objeden veya durumdan hiçbir şey istemediğimizde onu göz ardı ederiz... Ama şans eseri ilgimizi geniş açılı tutma becerisini keşfetmişsek eğer, işte o zaman büyülü şeyler gerçekleşmeye başlar.

Gerçekleşen büyülü şey, yeni olanın yarattığı şoktur. Geniş açılı ilgi en iyi anlamda bile ilgi dağılmasına açık haldedir. Milner şöyle yazmıştır: "Nihayet görüşümün önündeki bu engeli fark ettiğimde" (bu engel istemektir, ne istediğinizi bilmektir, beklentidir) "o zaman en azından bazı anlarda zihnimden tüm fikirleri süpürebilir hale geldim, böylece bir anda gerçek deneyim, yeni ve tarif edilemez deneyim zihnime akabildi". "Gerçek deneyimler" dediği şeyi mümkün hale getiren unsur göründüğü kadarıyla kendisini peşin hükümlerden (istemekle alakalı her şeyi bilme durumu oluşturan peşin hükümlerden) kurtarmakta yatıyordu; bunlar tanımlanamaz deneyimlerdi çünkü yeniydiler ve daha önce formüle edilmemişlerdi. Av peşindeki canavar, ilgideki bir değişimle bir tür mistiğe dönüştürülür. Bir şeyler zincirlerinden salıverilir ve bir şeyler zihne akıp gelir; tıpkı bir orgazm gibidir, ama benzemez de, çünkü beklenmediktir, varolduğu bilinmemektedir, hesaplanmamıştır.

İlgi değişimi, deneyim değişimidir. Ama her şey istemekle ilgi arasındaki ilişkiye bağlıdır: Freud ve Milner için olduğu gibi Johnson ve Sterne için de. İlgiyi arzudan ayırıp bizi nereye götürdüğünü görmek Milner'ın projesidir. Ve bu durum, psikanalizin daha önce soramadığı soruları sormasına imkân vermiştir: İstemeyi tablonun dışına çıkarırsak ilgiye ne olur – ve tabloya ne olur?

Ek Bölüm:
Greenblatt'ın Dikkat Dağınıklığı

Stephen Greenblatt, *New York Review of Books** dergisinde *The Poetry of Yehuda Amichai*** adlı kitap için yaptığı değerlendirmede şöyle yazmıştır: "Amihay'da nefrete karşı tuhaf bir bağışıklık vardı. Bu bağışıklık tuhaftı çünkü nefret, gözlemlemeye ve hissetmeye kararlı olduğu her şeye karşı ilgisini dağıtacakmış gibiydi." "Tuhaf bir bağışıklığı vardı" çünkü Amihay Almanya'da doğmuş bir

* Edebiyat, kitap vb değerlendirmelerinin yer aldığı, ABD'de yayımlanan bir dergi. (ç.n.)
** Yehuda Amihay (1924-2000) modern dönemin en önemli İsrailli şairi olarak bilinmektedir. Söz konusu kitap Amihay'ın şiirlerinden oluşan bir derlemedir. (ç.n.)

Yahudi'ydi; 1935 yılında (Nürnberg Kanunları'nın geçtiği yıl) Filistin'e göç etmiş, sonrasında da İsrail'de yaşamış ve yazmıştı (Greenblatt İsrail'den "dünyanın öldüresiye ihtilaflı parçası" olarak bahseder), dolayısıyla nefret için sebepleri vardı; ama aynı zamanda da Greenblatt'ın üstü kapalı olarak ifade ettiği üzere, onun bağışıklığına ilişkin esrarengiz bir şeyler de olabilirdi. Nefret virüs gibi yayılabilir, bir tür ölümcül veya bulaşıcı hastalık gibidir ve böylesi hastalıklarda olduğu gibi, insanı o kadar meşgul eder ki, dikkat dağıtıcı olabilir. Greenblatt'ın kendine has şekilde hem anlaşılır olan hem de çağrışım yaratan formülasyonuna göre, Amihay'ın "gözlemlemeye ve hissetmeye kararlı olduğu" her şey nefretin yarattığı dikkat dağınıklığıyla karşılaşıyordu.

"Nefret, gözlemlemeye ve hissetmeye kararlı olduğu her şeye karşı [Amihay'ın] ilgisini (dikkatini) dağıtacakmış gibiydi" ifadesi karmaşık bir önermedir, özellikle de "-mış gibi" kısmından dolayı, sanki Amihay nefret gibi son derece biçimlendirici (formatif) bir hissi bir "dikkat dağıtıcı" olarak görebiliyormuş gibi bir anlam çıkar (özellikle de ürkütücü kişisel geçmişinin ışığında). Greenblatt, nefreti bir dikkat dağıtıcı olarak ifade ederek, Amihay'ın dikkati dağılmamış halde kalmayı başarabildiğini veya ilgisini, ilgisini dağıtan unsurdan uzaklaştırabildiğini ima etmiş olur; Greenblatt'a göre Amihay bir anlamda gözlemlemeye ve hissetmeye kararlı olduğu şeyin ne olduğunu biliyordu ve dolayısıyla da bir dikkat dağıtıcıyı gördüğünde tanıyabiliyordu, nefretin dikkat dağıtıcılığının bir dikkat dağıtıcı olduğunu biliyordu (bir mahmuz, bir itki, bir ilham, bir şaşkınlık veya bir yenilgi değildi; dikkat dağıtıcıydı). Amihay'ın şairliği ilgisini nefretinden uzaklaştırabilirdi, nefreti de ilgisini şairliğinden uzaklaştırabilirdi veya şiir ve nefret birbirlerine canlandırıcı etki yapıyor olabilirdi. Tüm bu olasılıklar bize mola verme imkânı sağlayabilir. Nefrete bağışıklığı olan, nefretten etkilenmeyen hayatlar tasavvur edemeyebiliriz belki, ama nefreti bir dikkat dağıtıcı olarak düşünebilmemiz halinde hayatlarımızın ne kadar farklı olabileceğini tasavvur edebiliriz ve sonrasında da ilgimizi nereden uzaklaştırdığını düşünebiliriz veya nefret hakkında bu şekilde ya da yeni bir şekilde düşünmeye başlayan bir insan için önkoşulların ne olabileceğini tasavvur edebiliriz. Herhangi bir durumda yalnızca nefret duyuyor olmayabileceğimizi, nefreti, dikkatimizi dağıtmak için kullanıyor olabileceğimizi düşünebiliriz. Böylece nefret fikriyle dikkat dağılması fikri arasında bağlantı kurabileceğimiz düşüncesi başlı başına yeni anlamlar yaratabilir. Dikkat dağınıklığının ve dikkati dağılmış halde olmanın bir tarihçesi olabilir (Greenblatt'ın çalışması böylesi bir düşüncenin daha ilgi çekici bir versiyonuna sahip olmamızı sağlar): Dikkat dağınıklığını oluşturan nedir ve ne gibi biçimler alır? Ve herhangi bir şeyi bir dikkat dağıtıcı olarak tanımlamanın, herhangi bir dönemde neleri engellediğini ve neleri mümkün kıldığını görmek adına bir manzara oluşturulabilir (bu arada şunu da belirtelim, "dikkat dağıtmak", "dikkat dağıtıcı" ve "dikkat dağınıklığı" kelimelerinin anlamı Oxford İngilizce Sözlüğü'nde on beşinci yüzyıldan günümüze kadar neredeyse hiç değişmeden kalmıştır, kullanıldıkları bağlam değişmiş olsa bile).

Eğer kültür, eleştirmen Philip Rieff'in görkemli ve faydalı formülasyonunda dendiği gibi "neden sakınacağını bilmek" ise, Greenblatt'ın çalışmasından da kültürün aynı zamanda bir dikkat dağıtıcının ne olduğunu bilmek olabileceğini düşünebiliriz. "Gözlemlemeye ve hissetmeye kararlı olduğumuz" şeyler vardır (burada "kararlılık" kelimesi orijinal metinde aynı zamanda belirlilik anlamında da kullanılmıştır, Greenblatt'ın yazısının bir başka yerinde "kendini biçimlendirme" ifadesi de iki anlamlı kullanılmıştır) ve ayrıca dikkat dağıtıcı olarak görmeye kararlı olduğumuz şeyler vardır. Dikkati dağılmış olmanın ne olduğunu bilmemek nasıl bir şey olurdu? Veya farklı bir şekilde ifade etmek gerekirse, ilginin ne tür bir değişkenlik ve devingenlik içinde olmasını istiyoruz, ne tip ilginin bize istediğimiz yaşamları verebileceğini hayal ediyoruz?

Gösterdiğimiz ilgi vardır, göstermek istediğimiz ilgi vardır ve göstermemiz gereken ilgi vardır ve de maruz kaldığımız ilgi dağılması vardır. Greenblatt ve Yeni Tarihselcilik alanındaki destekçileri, "materyal ve söylemlerin endişe verici sirkülasyonunu daha yeterli seviyede açıklayacak bir yorumlama modeli oluşturmuşlardır (yorumlama alanının dışına çıkarak değil uzlaşma ve etkileşimin saklı köşelerine uzanarak açıklayıcı olabilecek bir model)." Bu model, hem kendimizle hem de başkalarıyla gerçekleştirdiğimiz hangi tür uzlaşma ve etkileşimlerin dikkat dağınıklığımızı oluşturduğunu sorgulamamızı sağlar (dikkat dağınıklığının kendisi de saklı bir köşedir). Psikanaliz bizi ilgimize ilgi gösterdiğimiz kadar ilgi dağınıklıklarımıza da ilgi göstermeye teşvik eder (serbest çağrışıma bağlılık, ilgimizin ve bir dikkat dağıtıcı olarak arzumuzun genellikle inkâr edilen karmaşıklığını ve çeşitliliğini kabul eder; arzumuz devamlılık arz eden, genellikle canlandırıcı bir dikkat dağınıklığı olarak görülür). Her ne kadar bilhassa sanat eserlerine göstermemiz gereken ilginin çeşit ve biçimleri hakkında çok şey söylenip yazılmış olsa da, psikanaliz alanı dışında, uyandırılan dikkat dağınıklıklarından ziyade gereken ilgi hakkında daha fazla şey söylenmiştir; ya da sanat eserinin bizden istemli olarak veya olmayarak istediği veya bizi kışkırttığı dikkat dağınıklığı türleri konusunda ilgi türleri kadar çok şey söylenmemiştir. Herhangi bir objenin -kişinin veya sanat eserinin- belli ilgi ve dikkat türleri talep ettiğini ve bunun yanı sıra belli tip dikkat dağınıklıkları doğurduğunu düşünebiliriz. Hatta bir objeyi, doğurduğu dikkat dağınıklıklarıyla tanımlayabiliriz. İlgisizlik daima işlemeyen ilgi anlamına gelir ve ilgimizin devingenliği izini sürmemiz gereken bir şeydir (eğitim, neye ve nasıl ilgi gösterileceğini bilmek demektir). Dolayısıyla, sanatın bize düşündürdüğü şeylerden biri, ilgimizin nitelikleridir ve ne tür sabotajlara yatkın ve çekilebilir olduğudur. Greenblatt'ın yazılarının, sahte bir ciddiyete kaçmadan ilham verici bir coşkuyla ilgimize sunduğu dikkat çekici birçok unsurdan biridir bu.

Greenblatt, *Cultural Mobility* adlı çalışmasında şöyle yazmıştır:

> Devingenlik, farklılıklara karşı artan bir hoşgörü doğurabilir ve geleneklere en bağlı kültürel yaklaşımları bile iç içe geçmiş mirasların oluşturduğuna dair daha yoğun bir farkındalık getirir, ama bununla beraber kaygılı, savunmacı ve zaman zaman şiddete varan bir sınır korumacılığı da yaratabilir. Araştırmacılar için hayati olabilecek ilk ödev hem yoğun haz hem de yoğun kaygı uyandıran devinimleri fark edip izini sürmektir.

Greenblatt burada "küresel devingenlik çağında kültürün yazgısı" dediği durum hakkında yazmaktadır, ama ben onun ilginin devingenliği hakkında da yazmasını isterdim; ki zaten ilginin devingenliği de, kısmen küresel devingenlik ve bunun ortaya çıkarmaya mecbur olduğu farklı ilgi tipleri tarafından yaratılmıştır. Araştırmacılar için -ve diğerlerinin yanı sıra sanatçılar ve psikanlistler için de- hayati olabilecek ilk ödev hem yoğun haz hem de yoğun kaygı uyandıran devinimleri fark edip izini sürmektir ve enine boyuna düşünüldüğünde kaygı ve haz her zaman birbirinden ayrı düşünülemez. Ama bunu yapabilmek için neyin dikkat dağıtıcı olarak sayılabileceğini bilmeniz gerekir ve ne tip bir ilginin dikkat dağıtıcı olduğu hakkında bir şeyler söyleyebiliyor olmanız gerekir; ilginin nereden kaçtığını ve nereye doğru koştuğunu ve sebebini bilmeniz gerekir. Greenblatt'ın "şiddete varan bir sınır korumacılığı" dediği şey de kuvvetli ve dramatik bir anlam yaratır (ve özellikle de konu ulus devletler olduğunda) ama ilgimizin sınırları nerededir ve bu sınırları nasıl çizer veya tanımlarız? Ve ilgimizin sınırları (dikkat dağınıklığı fikrini belli ölçüde anlaşılır hale getiren sınırlar) şu anda büyük önem teşkil eden başka sınır tipleri hakkında bize ne söylemek zorundadır? Hem yoğun haz hem de yoğun kaygı uyandıran devinimlerin -insanların, kültürel sanat eserlerinin, ilginin- izini sürmek günümüzün kalıcı saplantılarından biri haline gelmiştir. Ama genellikle aynı anda hem yoğun haz hem de yoğun kaygı oluşturabiliyor olması, dikkat dağıtıcının ilgi alanının bir parçasıdır (örneğin ergenlik çağındaki bir öğrencinin derste cinsellik hayalleri kurduğunu düşünün). Böylelikle diğer birçok şeyin yanı sıra sanat, dikkat dağıtıcı hakkında düşünmenin en iyi yollarından biri konumundadır: sanat, dikkat dağınıklığı hallerinin tanımlanması aracılığıyla bunu sağlar (örneğin *Hamlet*'te "dikkati dağılmış dünya"dan bahsedilir, Hamlet'in kendisinin de "halinde dikkat dağınıklığı vardır") bunun yanı sıra herhangi bir dönemde, sanatın bizden ne tür bir ilgi beklediğini merak etmemizle birlikte dikkat dağıtıcı hakkında düşünmüş oluruz; dikkat dağınıklığımızı savuşturması ve bizi dikkat dağınıklığına sevk etmesi, daima dikkat çekme arayışı işinde oluşu ve benzeri özellikleriyle sanat, ilgimiz hakkında daima bir endişe içindedir (ilgimiz için neyle mücadele etmektedir, hangi ilgi biçimleri ne tür hazlar verir vb). Nihayetinde, eğer dikkatimiz dağılabiliyorsa, bu dağınıklık ilgimiz hakkında ne söylemiş olur? İlgimizin yöneldiği zevkler ve endişeleri hakkında bize ne söyler?

Dolayısıyla Greenblatt'ın etki yaratan kitabı *Renaissance Self-Fashioning*'in ortaya çıkmasını sağlayan etkenin dikkat dağınıklığıyla alakalı olması tesadüf değildir. Greenblatt'ın anlatımında *self-fashioning* (kendini yaratma, biçimlendirme), hem benliği biçimlendiren kültürel baskılar çerçevesinde ele alınır hem de kişinin olmaya kararlı olduğu şeyden dikkatinin dağılmamasını sağlayacak bir kararlılık olarak ifade edilir; ayrıca kişinin biçim alma projesini etkileyebilecek ve önünü kesebilecek dikkat dağıtıcıların güç alanlarına karşı güçlü bir farkındalık da bu sürece dahil edilir. Greenblatt 1973 yılında yazmış olduğu *Sir Walter Ralegh* adlı biyografik kitapta Ralegh'in* yazmış olduğu "Ocean'ın Cynthia'ya Aşkı" adlı şiiri değerlendirirken şöyle bir tanımlama yapar: "Bu şiir Ralegh'in, kendisini, metresi tarafından acımasızca terk edilmiş, dikkati dağılmış bir âşık olarak sunduğu bir başka performanstır." Bu karakter, dönemin şiiri için alışılmadık bir figür değildir, şu unsur dışında: Ralegh, yalnızca Kraliçe Elizabeth'in sevgisini kaybettiği için dikkat dağınıklığı içinde değildir, aynı zamanda Elizabeth Throckmorton'la yaptığı gizli evlilik neticesinde kraliçeye duyduğu sevgide de dikkat dağınıklığı içindedir, bir dikkat dağınıklığı bir diğerine neden olmuştur. Burada Greenblatt bir anlamda, Ralegh'in dikkatinin, dikkat dağınıklığı tarafından dağıtıldığını söylemiş olur; dikkat dağınıklığı iki yolu da kes-

* Sir Walter Raleigh; 1552-1618 tarihleri arasında yaşamış İngiliz aristokrat, asker, denizci, kâşif, yazar ve şair. I. Elizabeth dönemindeki başarıları ile Sir unvanını almıştır. (ç.n.)

miştir. Ve bu iki kadından hangisinin bir dikkat dağıtıcı olduğunu asla tam olarak bilemeyiz, ayrıca dikkati nereden uzaklaştırdığını da bilemeyiz. Greenblatt'ın, "Herhangi bir sabit yapıya bağlı olmayıp özgür kalmış ve herhangi bir rolü üstlenebilen hümanist insan vizyonu..." dediği yaklaşımda "etkileşim halindeki ilginin kısıtlayıcılığının ardından ilginin kopukluğuyla beraber" dikkati dağılmış âşık rolü birçok soru doğurur; bu sorulardan biri de, kişinin dikkatinin bir başka dikkat dağınıklığından mı uzaklaştığını, yoksa daha temel veya sabit bir şeyden mi uzaklaştığını belirlemeye yönelik sorudur.

Greenblatt, Ralegh'in uzun şiiri "Ocean'ın Cynthia'ya Aşkı"nın tuhaflığından çok etkilenmişti, aynı zamanda Ralegh'in şiirinde gördüğü parçalara ayrılmış dünya ve benlik atmosferinin yarattığı işkence gibi duyguyla T. S. Eliot'un *Wasteland** adlı eseri arasındaki ürpertici benzerlik de onu büyülemişti. Ralegh hakkında yazdığı bir inceleme yazısı Ralegh hakkında yazılmış bir kitaba dönüştüğünden bu büyülenme hali daha büyük bir soru doğurdu: "Elizabeth dönemi saray çevresine dahil olan, tekelci yapıyı savunan sert karakterli bir maceracı olarak Ralegh niçin şiir yazmış olabilirdi, hatta şiir olması bir yana modernist deneyimlerin işaretlerini taşıyan bir şiiri neden yazmıştı?" Greenblatt bu sözleriyle bir bakıma şiirin bir dikkat dağıtıcı olduğunu ima etmektedir, ama dikkat dağınıklığının kendisinin de Ralegh'in dikkatinin nereden uzaklaşmış olduğuna dair bir şeyleri aydınlatabileceğini ifade etmiş olur; bir başka deyişle Elizabeth dönemi saray çevresine dahil olan, tekelci yapıyı savunan sert karakterli bir maceracı olmaktan uzaklaşmıştır. Dikkat dağınıklığı yansıtıcıdır ve ilgimiz üzerinden yansır, ilgimizle tek parça bir hal alabilir. Greenblatt'ın ortaya

* T. S. Eliot, *Çorak Ülke*, Çev. Osman Tuğlu, Klaros Yayınları, 2020. (y.h.n.)

koyduğuna göre Ralegh, kendini yeni yeni biçimlendirmeye başlayan bir Rönesans insanı olarak şiirlerinde hayata dair zihnini meşgul eden şeyleri işliyordu; dikkat dağınıklığı, yerinden edilmiş veya yeniden başka bir yere odaklanmış ilgi gibi görünüyordu. Şiir, yaşamında bir role girmenin bir başka yolu gibiydi. Greenblatt için bir anlamda *Renaissance Self-Fashioning* adlı kitabının öncüsü durumunda olan Ralegh hakkındaki bu kitabı, dikkat dağınıklığı konusunu oldukça ciddi şekilde ele almıştır.

Greenblatt şöyle yazmıştır:

> Kitap, sormuş olduğum soruya bir yanıttı; Ralegh'in role girmesine, kendisini bir romanın karakteriymiş gibi algılayışına odaklanıyordu. Kraliçe'nin gözünden düşmüş biri olarak (gizlice evlenmesinin bir neticesidir) kendisini Orlando Furioso rolüne sokmuştu, hayal kırıklığına dönüşmüş bir aşkın çıldırttığı bir adamdı Orlando. Neredeyse bir intihar sahnesi oynayacak kadar ileri gitti ve aynı ruh haliyle, dikkat dağınıklığı halini göstermek amacıyla ıstırap dolu dizeler yazdı. (Ve dikkat dağınıklığı, Rönesans'ın keskin zekâlı şiir öğrencisi Eliot'ın idrak etmiş olduğu üzere, kendini yarım kalmış ifadelerle, çarpıtılmış mecazlarla, keder patlamalarıyla gösteriyordu.)

Buradaki dikkat dağınıklığı, kişinin kendisini başka bir role sokması, basitçe bir başkası gibi değil de bir roman karakteri gibi davranması şeklini almaktadır. Hatta Ralegh, yaşamakta olduğu ilgi dağınıklığı içinde kurgu karakteriyle o kadar özdeşleşmiştir ki, bir intihar girişimi bile sahnelemiştir. Ve bununla bütünlük oluşturacak biçimde, Greenblatt'ın yazdığı şekilde "aynı ruh haliyle, dikkat dağınıklığı halini göstermek amacıyla ıstırap dolu dizeler yazmıştır" (dikkat dağınıklığı, içinde bulunduğu bir haldir ve bir performanstır, bir rol ve bir gösteridir). Oxford İngilizce Sözlüğü'nde "dikkat dağıtmak" kelimesinin on altı ve on yedinci yüzyıllardaki anlamı şöyle olmuştur: "parçalamak veya uzaklaştırmak; ayırmak, bölmek... yana veya başka bir yöne çevirmek; ilgiyi, zihni vb saptırmak... farklı yönlere çekmek; kafa karıştırmak veya şaşırtmak; uyuşmazlık veya düzensizlik doğurmak... kişinin nasıl davranacağını bilemediği bir ruh haline sokmak... zihni bulandırmak, çılgına çevirmek." Açıkça farklı önermeler doğuran bir dizi tanımlama görüyoruz; hepsi de bir şekilde kendini biçimlendirme düşüncesiyle bütünlük yaratıyor. Greenblatt'a çarpıcı gelen nokta, diğer unsurların yanı sıra Ralegh'in dikkatinin dağılma kapasitesi olmuştur; ayrıca dikkat dağınıklığının imkân verdiği şiirsellik, dil kullanımı, yani o yarım kalmış ifadeler, çarpıtılmış mecazlar, keder patlamaları da çarpıcıdır Greenblatt için.

Greenblatt'ın Ralegh'le ilgili bu yaklaşımında T.S. Eliot'ın (Rönesans edebiyatının etkili eleştirmeni ve *Çorak Ülke*'nin yazarı T.S. Eliot'ın) izleri görülmektedir. Ve belki de bu bağlamda daha ilerleyen dönemin Eliot'ının, yani Dört Kuartet şiirinin yazarı Eliot'ın etkilerinden de bahsedebiliriz; çünkü bu şiirinde Eliot ilgi devinimlerinin izini sürerek şöyle yazmıştır: "... sahipsiz, ilgisiz bırakılmış/O anlar, zamanın içindeki ve dışındaki anlar,/ Bir ışık demetinin içinde kaybolup giden ilgi dağınıklığı" (*The Dry Salvages*: Dört Kuartet'in üçüncü şiiri); Kuartet'in ilk şiiri Burnt Norton'da da şöyle yazmıştır: "... bir titreşim/ Zamanın izlerini taşıyan gergin yüzlerde/Dikkat dağıtıcıların dikkat dağıtıcılığından dikkati dağılmış halde/ tatlı düşlerle dolu ve anlamı olmayan/Şatafatlı bir duyumsamazlık, hiçbir konsantrasyonu olmayan ..." "Dikkat dağıtıcıların dikkat dağıtıcılığından dikkati dağılmış hal", Eliot'a göre modern bireyin Tanrı'ya olan mesafesini gösterir, konsantrasyon boşluğu da bu mesafeden doğar.

Eliot'ın ünlü sözüne göre şiir yazmanın tek yolu çok akıllı olmaktı ve buradaki dikkat dağınıklığı konusunda aklımızı iyi kullanmamızı istediği açıktır (gerçi akıllı insanlar hakkında konuşmayı bırakıp kiminle konuşmaktan zevk alıyorsak onun hakkında konuşmamız gerektiğini de söyler). Ancak Burnt Norton'da Eliot'ın sorusu şudur: Dikkat dağınıklığına ne tür bir ilgi gösterebiliriz –akıl dolu mu yoksa başka tür bir ilgi mi?

Peki, bu durumda insan kime veya neye konsantre olmalıdır veya konsantrasyonu ne işe yarar, neyin hizmetindedir (eğer neyin hizmetinde olacağı halihazırda belirlenmemişse)? Greenblatt'ın ifade etmiş olduğu üzere, araştırmacılar için –ve sanatçılar için de diyebiliriz– ilk önemli görev, hem yoğun haz hem de yoğun kaygı uyandıran devinimlerin ve bu devinimlere yön veren baskıların izini sürmek olmalıdır. Greenblatt ve Catherine Gallagher, *Practicing New Historicism* adlı kitapta şöyle yazmışlardır: "Estetik bir sunumun analizi, karmaşıklığı belli sınırlar içine almanın veya önünü kesmenin bir yolu olmak yerine bu karmaşıklığı yoğunlaştırmanın bir yolu olmalıdır." Eğer bu yaklaşım doğruysa, bu durumda ilgi ve dikkat dağınıklığı, analizi yoğunlaştırmanın bir yolu olarak analize dahil edilmelidir, gerçi bir ikilik, bir karşıtlık olarak görülmelerine gerek yoktur çünkü dikkat dağınıklığı zaten ilginin aldığı biçimlerden biridir (bu durum şu soruları doğurur: İlgi nesnesindeki bir değişim ilgideki bir değişim midir? İlgideki bir değişim, ilgi nesnesindeki değişim midir?). Kafa karışıklığı, şaşkınlık veya hatta çılgınlık tehdidi yaratan unsur, tercih ettiğimiz, varsaydığımız ilgi nesnesinden uzaklaşan ilgidir ve dolayısıyla da bireyin bölünüşü değilse de dikkatinin başka yöne çekilişi, parçalanışı yaratır bu tehdidi. Tıpkı Hamlet'in dikkat dağınıklığının sarayda bir tür sessiz panik yaratmış olması gibi, dikkat dağınıklığı, modern dönemin başlarındaki anlamları itibarıyla tehlikeye işaret eder. Doğru şeylere konsantre olmayan, ilgisi kimsenin tam olarak bilmediği yerlere sapan kişinin yarattığı esrarengiz tehdidi tarif eder (dikkat dağınıklığı, yaşandığı kitle içinde şüphe yaratır). Hamlet gibi, radikal ölçüde dikkat dağınıklığı içinde olanlar anlamsız bir haldeymiş gibi görünür - korkutucu derecede anlamsız görünürler; dolayısıyla başka bir açıdan bakarsak, dikkat dağınıklığı haline girmeden önce iyi bilinen, rahatlatıcı şekilde tanıdık görünen kimselerdir.

Bunun dışında Amihay'ın (öfke ve nefretten dolayı) dikkat dağınıklığına düşmemek yönünde bir anlamda geleneksel denebilecek bir kararlılığı vardır; bu da belli şeyleri belli bir şekilde gözlemleme ve hissetme kararlılığının bir parçasıydı ve böylece şiirleri ortaya çıkabiliyordu. Kendini sabote eden ve başkaları için yıkıcı olabilecek bir dikkat dağınıklığından kaçınıyordu. Sonrasında da Ralegh'in, dikkat dağınıklığı haline yönelme veya rolüne girme kararlılığı söz konusudur; dikkat dağınıklığını bir bakıma kraliçenin gözüne yeniden girmek için kullanmıştır ve bu dikkat dağınıklığı halinin hem körüklediği hem de katkı yaptığı şairliği ortaya çıkmıştır. İşleri kolaylaştıran bir dikkat dağınıklığıdır bu. Ve bu yaklaşımların haricinde muhtemelen Greenblatt'ın da anıştırma yaptığı Eliot'ın teolojik dikkat dağınıklığı teşhisi görülür; bu teşhis dikkat dağınıklığına karşı geleneksel argüman diyebileceğimiz teolojik yaklaşımı getirir - dikkat dağınıklığından uzaklaşmamız gerektiğini, ama bu uzaklaşmanın başka bir dikkat dağınıklığıyla olmaması gerektiğini söyler. Bu yaklaşımda arzu nesnesi olan dikkat dağıtıcılar reddedilmektedir.

Dikkat dağınıklığının gerekçesini açıklamak, yalnızca dikkatimizin nereden uzaklaşması gerektiğini açıklamak anlamına gelebilir (örneğin Amihay'a göre nefretten uzaklaşmak gerekir, Eliot'a göre seküler saplantılardan uzaklaşmak gereklidir). Dikkat dağınıklığının gerekçesini açıklamak, belli ilgi biçimlerine ve nesnelerine ayrıcalık tanımanın bir başka yolu olma eğilimindedir. Dikkat dağınıklığı, ilgimizi daima ilgimizin yönlenmiş olması gereken şeye geri döndürür (yani dikkat dağınıklığını okulda öğretmeyiz, gerçi belki de öğretmemiz gerekir). *Renaissance Self-Fashioning* adlı kitabının 2005 basımına yazdığı yeni önsözde Greenblatt'ın Ralegh'le ilgili anlatımını bu kadar açıklayıcı hale getiren budur, elbette Eliot'a yaptığı anıştırmanın aydınlatıcılığını da unutmamak gerekir. Ralegh, Greenblatt'ın "dikkat dağınıklığı hali" dediği durumdan faydalanabiliyordu, bu sayede role girebiliyor, bunu "gösterebiliyordu"; sanki dikkat dağınıklığı hali özcülüğe ihanet değil de kullanıma uygun bir janrmış gibi bundan faydalanıyordu. Ralegh için bu durum, kafasındaki hedeflere uygun şekilde kendini biçimlendirmenin bir yoluydu: On altıncı yüzyılda "kişinin kimliğinin, manipüle edilebilir sanatsal bir proses gibi biçimlendirilmesi hakkında artan bir özbilinç" vakası olarak ele alınabilir bu olay. Eski bir (Jamesçi) pragmatist* gibi Ralegh de, dikkat dağınıklığının kendisini nereye götürdüğünü görmektedir; gerçekten de dikkat dağınıklığını deneyden geçirmekte, kendi üzerinde denemektedir, tıpkı yeni bir role soyunan bir aktör gibi, ama işi uç noktalara taşımaktadır.

Greenblatt, *Hamlet in Purgatory* [Hamlet Arafta] adlı kitabında şöyle yazmıştır: "Derinlerde bir yerlerde, Shakespeare'in sanatına dair muhteşem denebilecek şekilde oportünist, gaspçı, emici, hatta yamyamca bir şeyler

* Roman yazarı Henry James'in anlayışına uygun özellikte yaklaşımlar Jamesçi olarak adlandırılır. (ç.n.)

var." Bu, zor beğenen değil, açgözlü, obur bir sanattır ve imgelemdir. Aynı zamanda, belki de sürpriz denemeyecek şekilde bir aktörün de tanımıdır bu. Oyundaki bir aktörün dikkati -dikkat dağınıklığı rolünü oynamadığı sürece- yalnızca kendi rolünden uzaklaşabilir. Dolayısıyla herhangi bir anda neyi dikkat dağınıklığı olarak adlandıracağımız, dikkatimizin nerede olması gerektiği hakkında verilen teminatlara bağlı olacaktır. İster kaytarma ister protesto olsun, konu dikkat dağınıklığı olduğunda, bazen ilgimizi neye göstermemiz gerektiğini, ilgimizin nereye gittiğinden daha iyi biliriz, yani bu konuda daha fazla bilgilendirilmişizdir (bir yere demir atmamış ilgi, tehdittir; bir bakıma benlik -bir temsil olarak benlik- kendini ilgi nesneleri etrafında organize ederek varlık bulur. Proust'un Marcel karakteri Combray'daki yatak odasında şaşkın bir şekilde uyandığında odadaki objelere dikkat kesilerek kendini yeniden yapılandırmaktadır). Ve konu dikkat dağıtıcılara (oyalayıcı şeylere) geldiğinde, ki sıklıkla gelir, gerçekten haz aldığımız şeyin ne olduğundan daha az emin oluruz. Ama dikkat dağınıklığı halini repertuarımızın bir parçası haline getirdiğimizde; aklımızda ilginç nesnelerle ve bir kimlik biçimlendirme vizyonu içerisinde ele alarak dikkat dağınıklığı halini bizim oluşturduğumuz bir hal olarak tanımlamanın yollarını bulduğumuzda durum değişebilir. Tabii bunu yapabilmek için diğer unsurların yanı sıra dikkat dağınıklığı halini diğer halden ayırabilmek gerekir. Dikkat dağınıklığı ilginin bir başka biçimi olduğu için, zihnimizin dikkat dağınıklığı içindeki halinin hangi hal olduğunun ayrımına her zaman varamayabiliriz. Konunun otoriteleri bu ayrımı bizim için yapabilir.

Dolayısıyla *Renaissance Self-Fashioning* adlı kitabında Greenblatt, Sir Thomas More'un, kendisini gerçek meşgalelerinden uzak tutan inşaat işleriyle uğraşması ve ailesiyle vakit geçirmesi gibi "dikkat dağıtıcı uğraşlarından" bahsederken bu durumu şu sözlerle parlatır: "Görünen o ki daima bir 'gerçek' benlik var -hümanist bilgin veya keşiş-, bu benlik derinlere gömülüyor veya ihmal ediliyor. Ve Thomas More'un öyle bir yapısı var ki, farklı kimliklerden birinin peşinden bütün kalbiyle gitmesi halinde bunu da gerçek benlik gibi hissedecekmiş gibi geliyor." More'un dikkat dağıtıcı uğraşları, Greenblatt'ın "gündelik hayat rolünde fark edilmeyen gizli bir rezerv, başka bir yerde bir yaşam olduğu duygusu" dediği durumu çağrıştırır. Bununla beraber bütün bu dikkat dağıtıcı uğraş nosyonu, Greenblatt'ın açıkça belirttiği gibi, bir iyileşme ve ruhun beslenmesi yerine "gerçek benlikle" (dikkati dağılmamış benlik) ilgili şüphelere neden olabilir ve böylesi bir temsili kimliğin, böylesi bir figürün More adına neler yapabileceğini de sorgulamamıza neden olur (dikkati dağılmamış bir benlik fantezisi, dikkat dağılması kapasitesini güçlendirebilir, tıpkı kısıtlanmamışlık fantezisinin bizi kısıtlı tuttuğu gibi: Bu fantezilerin yaptığı budur). Dikkati dağılmamış benlik figürü, güçlendirmeye çalıştığı bir şeyi bozuyor olabilir; bu figür, Thomas More'un kendini kandırmak için kullandığı bir teselli olabilir. "Çünkü hayatı bundan aşağı kalır görünmemektedir" diye yazmıştır Greenblatt ve aşağı kalıp kalmama hali Thomas More hakkında şöyle düşünmemize neden olur: "Rahatsız edici ölçüde alışılmadık bir bilinç biçiminin icadı gibi; gergin, ironik, nüktedan; etkileşim hali ile kopukluk arasında harekete hazır halde duran bir bilinç ve hepsinin ötesinde, bir icat konumunda olduğunun bütünüyle farkında bir bilinç hali."

"Etkileşimle kopukluk arasında harekete hazır halde durma hali", dikkat dağınıklığının icadın bir parçası olarak kullanılışını akla getirir: Yalnızca dikkatinizi bir yerden uzaklaştırabiliyorsanız etkileşim ve kopukluk halinde olabilirsiniz. Ve bu yaklaşım, gerçek benlik fikrini ortadan kaldırmayı gerektirmeyebilir, bunun yerine gerçek benlik, süregiden var olma dramında kullanılan parçalardan biri olarak işleyişe eklenebilir. Greenblatt, Thomas More için şöyle yazmıştır (aynı şeyi Ralegh için de söyleyebilirdi): "Histriyonik doğaçlama olarak yaşanan hayatın bir sonucu da, gerçeklik kategorisiyle kurgunun birleşmesidir." Dikkati dağılmış benlikle gerçek benliğin ikili oyunu şovu devam ettirir. Ama Greenblatt'ın açıklamasına göre bu durum daha karanlık bir şeyler doğurur: "Bu gölgeli benliklerin ardında" diye yazmıştır, "daha karanlık bir gölge daha vardır: kimliğin kendisini ortadan kaldırma rüyası, tüm doğaçlamalara son verme, hikâyeden kaçma arzusu". Bu "çok yönlü adaptasyon" gerginliği, kendini icat etme çalışması çizgiyi aşabilir. Bu noktada düşünülen şey, belki de, çok yönlü adaptasyonun gerilimi dışında dikkatin uzaklaşacağı (kaçacağı) hiçbir şeyin bulunmayışıdır veya sadece bir dizi dikkat dağınıklığı söz konusudur, ama kişinin dikkatinin uzaklaşmış olduğu hiçbir şey yoktur: Çok yönlü adaptasyon, adapte olmak üzere orada bulunan şeylerden zevk almamaktadır. Hatta çok yönlü adaptasyon, sonsuz, boş bir dikkat dağınıklığı olarak hissedilebilir. Eğer dikkat dağınıklığı adaptasyonun bir biçimiyse, biz de hâlâ Freud gibi, adaptasyonun kendisinin nereden uzaklaşmış dikkat olduğunu düşünebiliriz. Eğer Greenblatt'ın Thomas More için yazdığı gibi "etkileşim ve kopuş diyalektiği, Burckhardt'tan beri Rönesans'ın miraslarından biri sayılan yoğun bireyselliği yaratmış güçler arasında ise", bu durumda genellikle aynı anda hem etkileşim hem de kopuş olan dikkat dağınıklığının bu işte parmağı var demektir. Dikkat dağınıklığı halindeki bir yaşamı devam ettirme sanatı, dikkat dağınıklığıyla ilgili ustalıklı hamleler yapmayı gerektirir, bunun nedeni de kısmen, ikisinin de birbirini mümkün kılan haller olmasından dolayı etkileşim haliyle kopuş hali arasındaki farkı anlamanın bazen çok güç olmasıdır. Psikanalizin, bu farkı söylemek adına modern bir girişim olduğu söylenebilir; ayrıca kişi konuşurken başka neler söylüyor olabileceğini keşfetmenin bir yoludur.

Teşekkürler

Bu makaleler, konuşma ve seminerler halinde başladı ve bu kitap için gözden geçirildi. "İlgi Boşlukları", 2017 yılında Amanda Anderson ve David Russell tarafından Brown Üniversitesi, Rhode Island'da düzenlenen *Provoking Attention* (İlgi Uyandırma) konferansında ilk kez dinleyiciyle buluştu. "Utanç ve İlgi" Salmagundi adlı çalışmada yer aldı, düzenleme ve yardımları için Bob ve Peg Boyers'e çok teşekkür ediyorum. "Greenblatt'ın Dikkat Dağınıklığı", 2016 yılında Bergen'de Stephen Greenblatt'ın Holberg Ödülü'nü alması vesilesiyle bir konferansta aktarıldı. İlgiye ilişkin makaleler de farklı versiyonlarıyla çeşitli vesilelerle York Üniversitesi'nde aktarıldı.

Hugh Haughton, Kit Fan, Mathew Bevis, David Russell, Stephen Greenblatt, Ramie Targoff, Barbara Taylor, Norma Clarke, Tom Weaver, Brian Cummins, Geoffrey Weaver ve John Gray'e de her zaman olduğu gibi yine dostluk ve muhabbetleri dolayısıyla minnettarım. Simon Prosser editörüm olarak bana her zaman güven ve ilham veriyor. Ve Judith Clark da yine her zaman olduğu gibi bu kitabı ve çok daha fazlasını hayata geçiren kişi oldu.

AYRINTI

Lucía Álvarez de Toledo

Che Guevara'nın Yaşam Öyküsü

Lacivert Kitaplar/Çev. Behzat Hıroğlu/544 Sayfa/ISBN 978-605-314-538-7

Marx'ın Avrupa'da dolaşan komünizm hayaleti gibi, Latin Amerika'nın ardından bütün dünyada ikonik bir hayalet dolaşıyor: Che Guevara hayaleti.

Che Guevara üzerine çalışan ve hem Guevara'nın kendi kitaplarını hem de hakkında yazılan kitapları çeviren Arjantinli yazar Lucía Álvarez de Toledo'nun titiz bir arşiv çalışması yaparak kaleme aldığı bu eser, Ernesto "Che" Guevara de la Serna'nın 39 yıllık yaşamını okurlarla buluşturuyor. Che Guevara'nın sermayenin emperyalizm ve kolonyalizm bağlamındaki tarihsel biçimi ile bu tarihsel sömürü biçimlerinin nasıl yeniden üretildiğine ilişkin düşünceleri, ABD emperyalizmi düşmanlığı, bürokratizm karşıtlığı ve bu sebepten ötürü Sovyetler Birliği ile yaşadığı anlaşmazlık, Çin ile Küba arasında oynadığı rol de yine ayrıntılarıyla dikkat çekilen hususlardan bazıları. Elinizdeki kitap, Che Guevara hakkında yazılmış en kapsamlı çalışmalardan biri olmakla kalmıyor, Latin Amerika'daki mücadele tarihine ilgi duyan okurlara da detaylı bir kaynakça sunuyor.

Tony Blackshaw

Zygmunt Bauman

Lacivert Kitaplar/Akın Emre Pilgir/544 Sayfa/ISBN 978-605-314-562-2

Bauman gündelik yaşamın ritmini, kendisini sosyolojik tahayyüllere kazıyan bilge ve eleştirel bir pratiğe dönüştürür. Çoğumuz belki de Bauman'ın sosyolojisinde ele aldığı temaların çoğunu ayırt edebiliriz ama Bauman onları gerçek insanlar ve onların yaşamlarıyla ilgili anlatılara dönüştürme üstadıdır.

Bu kitap, yazarının tabiriyle "dünyayı değiştirmek için sosyoloj olan" bir kuramcı hakkında. Bauman'ın sosyolojisi yaşadığımız dünyanın karmaşıklığını tek bir modelle açıklamaya çalışmayan, insani deneyimlerin tümünü kucaklama iddiasında bulunmayan bir modernite eleştirisi. İnsanların toplumsal ilişkilerini hem mikro hem de makro ölçekte eleştiren, aralardaki geçişleri neredeyse pürüzsüz ve ilmek ilmek dokuyan bir sosyolog Bauman. Bu eser çalışmalarını daha iyi anlamaya, fikirlerine yeni merceklerle bakmaya, dünyamızı ve toplumumuzu eleştirel bir gözle değerlendirmeye meraklı okurlar için başucunda tutulması gereken bir çalışma.

Adam Phillips & Barbara Taylor

İyilik Üzerine

Selin Siral/112 syf/ 978-605-314-587-5

İyilik, dünya üzerindeki büyük dinlerin ve köklü felsefelerin temelini oluşturur. O zaman neden iyi olmak bizlere bu kadar tehlikeli hissettirir? İyiliği bu kadar yoğun bir şekilde arzuluyorsak, kendimizi inkâr etmek neden bu kadar tatmin edicidir? Ve neden, buna arzu duymamıza rağmen, iyilik gördüğümüzde şüpheci davranırız?

Bu harika kitapta psikanalist Adam Phillips ve tarih bilimci Barbara Taylor, iyiliğin yarattığı memnuniyet duygusunu ve ortaya çıkardığı riskleri derinlemesine inceliyor. Modern zaman insanlarına eylemlerin özünde düşmanca, güdülerinin ise çıkarcı algılanması gerektiği öğretildi. Entelektüel tarihten, edebiyattan, psikanalizden ve çağdaş sosyal teorilerden yararlanan bu kitap, bağ kurmak yerine yalnızlığı nasıl ve neden tercih ettiğimizi açıklıyor. İyilik Üzerine, başkaları ile içgüdüsel ve sıcak bir özdeşleşme içerisinde yaşanan hayatın, kendimiz için seçmemiz gereken hayat olduğunu vurguluyor.

Çarpıcı gözlemlerle dolu bu kısa ama önemli kitap, cömertliğin ve merhametin yaşattığı yoğun duyguları okura tekrar hatırlatıyor.

> Toplum olarak çıkarcı ve menfaatçi bir hale geldiysek eğer, Phillips ve Taylor bu yabancılaşmaya ve kaygıya karşı panzehir olarak fedakârlığı öneriyor. Bu öneri, yaşadığımız zor zamanlar için doğru bir yol.
>
> Iain Finlayson, The Times (London)